我的工作足迹

● 陈友权 编著

中国农业科学技术出版社

图书在版编目（CIP）数据

我的工作足迹/陈友权编著. -- 北京：中国农业科学技术出版社，2023.4

ISBN 978-7-5116-6254-5

Ⅰ.①我… Ⅱ.①陈… Ⅲ.①陈友权－回忆录 Ⅳ.①K827=7

中国国家版本馆 CIP 数据核字（2023）第 062435 号

责任编辑	朱　绯
责任校对	马广洋
责任印制	姜义伟　王思文

出 版 者	中国农业科学技术出版社
	北京市中关村南大街 12 号　　邮编：100081
电　　话	（010）82109707（编辑室）　（010）82109702（发行部）
	（010）82109709（读者服务部）
网　　址	https://castp.caas.cn
经 销 者	各地新华书店
印 刷 者	北京建宏印刷有限公司
开　　本	160 mm×237 mm　1/16
印　　张	12.25
字　　数	170 千字
版　　次	2023 年 4 月第 1 版　2023 年 4 月第 1 次印刷
定　　价	80.00 元

━━ 版权所有·侵权必究 ━━

人生是一条封闭、禁停的单行道，愿意也好，无奈也罢，只能前行，没有回程，过去的不会再现，将来的未必期许，当下的更值得珍重。人生是一盘落子不悔、无法复盘的棋，没有如果，只有必然，所有经历的人和事都是生命中无法更改的一部分。人生是一个见天地、遇众生、度自己的过程，读过的书、走过的路、见过的人、做过的事都是宝贵的财富。时光荏苒，日月如梭。我从当年参加工作进入农牧渔业部到现在退休离开农业农村部，36年弹指一挥间。回望来时的路，往事已模糊，只留下一串串依稀可见的足迹。三农情、阡陌行，现将网络媒体公开报道的部分信息资料整理编印成册，奉送有关领导和至亲好友，权当人生阶段性感恩和留念。

目录

求索之路 / 1

荣誉与成果 / 3
    一、表彰奖励 / 3
    二、主要作品 / 4

国（境）外公务活动 / 7

国内公务活动掠影 / 11
    一、开展重大问题专题调研 / 11
    二、推进粮油生产绿色高质高效发展 / 27
    三、督促指导关键农时重大措施落地落实 / 49
    四、调研指导农业抗灾救灾工作 / 84
    五、加强农药生产经营监督管理 / 100
    六、狠抓农作物病虫草害防治工作 / 135
    七、大力促进农民增收和产业扶贫 / 155
    八、充分发挥党建引领和舆论引导作用 / 173

感恩与家训 / 185

求索之路

2019年7月—2023年3月，任农业农村部种植业管理司一级巡视员，分管综合处、行业发展处。其中，2019年12月—2022年12月兼任农业农村部种植业管理司工会主席。

2018年8月—2019年7月，任农业农村部种植业管理司副司长，分管综合处、粮油作物处。其中，2018年11月—2021年12月兼任中共农业农村部种植业管理司支部委员会委员、副书记。

2016年8月—2018年8月，任农业部种植业管理司副司长，分管植保植检处、农药管理处。

2013年5月—2016年8月，任农业部种植业管理司副巡视员，分管植保植检处、农药管理处。

2011年4月—2013年7月，任农业部种植业管理司综合处处长。其中，2011年12月—2014年12月兼任中共农业农村部种植业管理司支部委员会委员、副书记。

2007年10月—2011年4月，任农业部种植业管理司农情信息处处长。

2004年7月—2007年10月，任农业部种植业管理司植保植检处处长。

2001年2月—2004年7月，任农业部种植业管理司种子与植物检疫处调研员。

1998年7月—2001年2月，任农业部种植业管理司种子与植物检疫处副处长。

1996年2月—1998年7月，任农业部农业司种子处副处长。

1995年1月—1996年2月，任农业部农业司种子处主任科员。其中，1994年9月—1996年7月，在职参加中国农业大学经济管理学院农业经济管理专业学习，获经济学学士学位；1992年10月—1993年9月，在意大利地中海农学院学习农业与灌溉技术。

1986年7月—1995年1月，在全国农业技术推广总站从事油料作物技术推广工作，先后任助理农艺师、农艺师。其中，1988年2—12月，在北京市顺义县政府农办蹲点锻炼；1991年3—7月，在北京第二外国语学院学习英语。

1982年9月—1986年7月，在西南农业大学农学系农学专业学习，大学本科毕业，获农学学士学位。

1963年1月31日出生于四川省宜宾县永兴区永和公社狮子大队和平生产队。

荣誉与成果

一、表彰奖励

1. 2010年,国家防汛抗旱总指挥部、人力资源和社会保障部、中国人民解放军总政治部授予"全国防汛抗旱先进个人"荣誉称号,并享受省部级劳动模范和先进工作者待遇。

2. 2010年、2011年,连续两年被农业部直属机关党委评为优秀共产党员。

3. 2010年,记农业部三等功。

4. 2008年、2009年,连续两个年度被国务院办公厅秘书局评为信息报送先进个人。

5. 2007年,获农业部中华农业科技奖三等奖(《中国农药进出口商品编码体系建设》第5完成人)。

6. 1997年,获农业部部级科学技术进步奖二等奖("夏花生增产技术研究与应用"项目第5完成人)。

7. 1994年,获农业部部级科学技术进步奖三等奖("花生中低产田开发配套技术研究与推广"项目第2完成人)。

二、主要作品

1. 《关于加快建设农业强国的几点思考》（作者：陈友权）《农村工作通讯》2023 年第 2 期。

2. 《深入推进农业种植结构调整》（作者：陈友权　陈禹涵）《民主与科学》2022 年第 1 期。

3. 《开创农药绿色发展与应用新局面》（作者：陈友权）《中国农资》2018 年第 1 期。

4. 《农药整治：管源头 控风险》（作者：陈友权）《农产品市场周刊》2017 年第 7 期。

5. 《在全国农药管理座谈会上的讲话》（作者：陈友权）《农药科学与管理》2017 年第 1 期。

6. 《扎实推进农药供给侧结构性改革》（作者：陈友权）《农药科学与管理》2016 年第 12 期。

7. 《构建协同联动机制 开创农药管理工作新局面》（作者：陈友权）《农药科学与管理》2016 年第 1 期。

8. 《美国农药登记使用管理与病虫害统防统治》（作者：陈友权　赵清）《农药科学与管理》2015 年第 7 期。

9. 《关于我国绿色植保的几点思考》（作者：陈友权　李建伟　韩梅）《中国植保导刊》2014 年第 11 期。

10. 《我国植物保护事业发展成就与前景展望》（作者：陈友权　王建强）《农药科学与管理》2014 年第 10 期。

11. 《加强我国植物检疫工作势在必行》（作者：陈友权）《中国植保导刊》2014 年第 7 期。

12. 《产粮大县呼唤利益补偿机制》（作者：农业部赴湖北省"百乡万户"调查组，调研组成员：陈友权　李建伟　罗杨　刘鹏涛

王艳洲　李诗信)《经济日报》2014年6月16日。

13　《我国粮食增产区域呈北移西进趋势》(作者：陈友权　李好)《中国农业信息》2011年第1期。

14　《创新抓落实　抗灾夺丰收》(作者：陈友权　刘莉华　仲鹭勃　李好)《中国农业信息》2010年第12期。

15　《农情信息工作知识讲座》(作者：陈友权)《中国农业信息》2010年第10期。

16　《大旱之后的反思》(作者：陈友权　刘莉华　李增裕　李好)《中国农业信息》2009年第12期。

17　《跨越温饱　蓬勃发展　新中国成立60年种植业发展成就》(作者：陈友权　刘莉华)《中国农业信息》2009年第8期。

18　《我国主要农产品及投入品供求形势》(作者：陈友权　刘莉华　李增裕　李好)《中国农业信息》2009年第1期。

19　《2008年种植业结构调整深入推进》(作者：陈友权　刘莉华)《中国农业信息》2008年第12期。

20　《国际国内粮食市场价格变化情况》(作者：陈友权　李增裕)《中国农业信息》2008年第9期。

21　《2008年全球小麦生产及其影响》(作者：陈友权　李好)《中国农业信息》2008年第9期。

22　《外国种子企业如何进入我国种业》(作者：陈友权)《中国种业》2003年第1期。

23　《种业管理制度的重大改革》(作者：陈友权)《种子科技》2001年第3期。

24　《打好种子工程实施的攻坚战》(作者：陈友权)《种子世界》1998年第7期。

25　《中国种子商业化高级管理人员赴美培训考察报告》(作者：黄继仁　陈友权)《种子世界》1997年第10期。

26　《"三级跳"发展战略与我国种子商业化》(作者：陈友权)《种子

世界》1997 年第 10 期。

27 《建设国家级原种场，提高农作物种源质量》（作者：陈友权　杨延华　丁晓松）1996 年《论中国种子工程——全国种子工程学术研讨会论文集》。

28 《谈谈我国花生生产的"八五"计划》（作者：陈友权）《农业科技通讯》1992 年第 4 期。

29 《花生实用增产技术》（15 万字，陈友权主编，北京农业大学出版社 1993 年出版发行）。

30 《全国花生重点技术推广项目成效显著》（作者：陈友权）《农业科技通讯》1992 年第 4 期。

31 《"八五"期间我国花生生产发展目标浅析》（作者：陈友权）《花生科技》1992 年第 1 期。

32 《顺义县农业适度规模经营的调查》（作者：陈友权　王忠海）《中国农村经济》1989 年第 6 期。

国（境）外公务活动

2019年4月8日，陪同农业农村部副部长张桃林赴中国澳门参加国际食品法典农药残留委员会第51届年会，并赴中国香港考察农业科技创新和农产品供应情况。

2017年4月5—12日，率团赴韩国首尔参加联合国粮农组织召开的国际植物检疫措施委员会第12次会议。

2015年3月1—15日，率团赴美国执行国家外国专家局"农作物病虫害专业化统防统治与安全用药"培训项目任务。

2012年11月26日—12月5日，赴意大利执行杀虫剂持久性有机污染物农业综合替代管理技术交流任务。

2007年8月18—25日，赴瑞士日内瓦参加联合国裁军事务办公室召开的禁止生物武器公约专家组会议。

2007年4月27日—5月7日，赴塞内加尔达喀尔（过境法国巴黎市）参加联合国环境规划署召开的第三届斯德哥尔摩公约缔约方大会。

2006年8月20—30日，率团赴美国考察交流红火蚁监测防控技术与经验。

2005年9月18—24日，参加农业部代表团赴中国香港和中国澳

门商讨建立交流协调机制，考察交流农牧渔业发展情况。

2005年5月28日—6月8日，率团赴日本和韩国开展植物保护和植物检疫考察交流活动（其中，6月4—8日在韩国）。

2005年4月2—10日，率团赴意大利罗马参加联合国粮农组织召开的国际植物检疫措施临时委员会第七次会议。

2004年12月4—18日，率团赴澳大利亚考察交流水果非疫区建设经验。

2003月6月7日—9月7日，参加农业部第四期中青年干部英语培训班，担任班长，率团在加拿大萨斯卡彻温大学第二外语培训中心学习（此前，2—5月在华中农业大学外语培训中心学习）。

2002年8月4—18日，赴美国考察小麦矮腥黑穗病（TCK）检疫与控制情况。

2002年1月27日—2月3日，参加中国农业综合考察与项目磋商代表团赴缅甸进行考察访问。

2001年9月16—22日，率团赴越南胡志明市参加亚太植物保护委员会第22次会议。

2001年7月15—22日，赴泰国曼谷参加亚太地区植物检疫研讨会。

2001年3月31日—4月8日，赴意大利罗马参加联合国粮农组织召开的国际植物检疫措施临委会第三次会议。

2000年10月10—22日，率团赴美国圣迭戈市参加联合国粮农组织第12届地区植保组织技术磋商会和第24届北美植保组织年会。

2000年5月1—15日，率团赴南非、意大利考察向日葵制种基地有害生物防控情况（其中，1—7日在南非共和国）。

2000年3月22日—4月2日，赴南非参加两国政府间植物检疫协定文本谈判。

1999年10月2—12日，率团赴意大利罗马参加联合国粮农组织召开的国际植物检疫措施临时委员会第二次会议。

1997年6月1—30日，组团赴美国执行中国种子商业化高级管理人员培训考察任务。

1996年（具体日期不详），率团赴瑞典考察世界银行种子商业化项目仪器设备供应商有关情况。

1992年10月—1993年9月，赴意大利地中海农学院参加农业与灌溉技术培训。

国内公务活动掠影

一、开展重大问题专题调研

1. 2023年1月4—7日，赴安徽省、四川省调研2023年全国春季农业生产现场会议（以国务院名义召开）筹备工作。

农业农村部种植业管理调研组到颍州区调研优质专用小麦生产工作

（来源：阜阳市颍州区人民政府）

1月7日上午，由农业农村部种植业管理司一级巡视员陈友权、种植业管理司粮食处处长项宇等组成的调研组，到颍州区调研优质专用小麦生产情况。安徽省农业农村厅副厅长潘鑫、种植业管理局副局长曹高飞、阜阳市农业农村局局长朱振华、颍州区政府副区长赵镇参加调研。

在三塔集镇优质专用小麦生产基地，调研组现场查看了小麦生长情况，颍州区农业农村局有关同志对当前颍州区小麦生产情况、品牌小麦基地建设以及小麦高质高效行动等方面进行了介绍。随后调研组参观了颍州区高标准农田建设、数字化农事服务中心，并听取了相关汇报……（调研组深入安徽省阜阳市颍州区、阜南县，四川省德阳

市旌阳区、广汉市实地调研）

2. 2022年12月31日，参加第三届乡村振兴暨中国粮食安全战略高峰论坛。

第三届乡村振兴暨中国粮食安全战略高峰论坛在京召开

（来源：中国小康建设研究会）

……12月31日，由中国小康建设研究会主办的"第三届乡村振兴暨中国粮食安全战略高峰论坛"在京召开。论坛以"守牢粮食安全底线，夯实国家安全基础"为主题……

全国人大农业与农村委员会副主任、中国供销合作经济学会会长李春生，农业农村部乡村振兴专家咨询委员会委员、原农业部常务副部长、中国小康建设研究会高级专家尹成杰，农业农村部农村经济研究中心主任金文成，农业农村部种植业管理司一级巡视员陈友权，民进中央参政议政特邀研究员刘晓山，国家发展改革委农经司原副司长、中国小康建设研究会副会长方言，国务院政府特殊津贴专家、农业农村部农产品质量安全中心原副主任寇建平出席论坛并作主旨演讲。就当前我国粮食安全形势进行深入剖析，结合自身工作经验，充分发表真知灼见、畅所欲言，为我国的粮食安全工作提出宝贵意见。

3. 2022年11月15日,参加农业强国建设研讨。

农业强国建设的路径思考

（来源：农"经"观察）

……

会商专家：

张合成　　中国农业科学院党组书记
梅旭荣　　中国农业科学院副院长
陈友权　　农业农村部种植业管理司一级巡视员

……

4. 2022年7月18—22日,赴黑龙江省参加全国政协农业和农村委员会组织的"发展多种油料作物保障食用油供应"专题调研,赴吉林省参加第二届黑土地保护利用国际论坛。

许勤会见全国政协调研组　黄建盛王志军参加

（来源：央视网）

7月20日下午,黑龙江省委书记、省人大常委会主任许勤在哈尔滨会见全国政协常委、农业和农村委员会副主任张勇率领的油料作物调研组一行。黑龙江省政协主席黄建盛、省委副书记王志军参加会见。

许勤代表省委省政府对张勇一行表示欢迎。他说,当前黑龙江省正深入贯彻习近平总书记重要讲话重要指示精神,按照省党代会描绘的蓝图,扎实推进"八个振兴",加快建设"六个龙江"。黑龙江省是国家重要的大豆生产和供给基地,大豆种植面积和

总产量位居全国首位。我们将坚决贯彻党中央决策部署,深入落实国家大豆振兴计划,大力实施大豆产能提升工程,以推进大豆种业创新为抓手,统筹推进良种、良法、良田深度融合,提高大豆亩产和品质,提高大豆生产效益,提高市场竞争力和占有率,坚决扛起大豆稳产保供的政治责任,努力为提高国产大豆自给率、保障食用油供应作出龙江更大贡献。

　　张勇高度评价黑龙江省经济社会发展取得的新成就。他说,黑龙江在全国发展大格局中地位极为重要,作为国家名副其实的"大粮仓",黑龙江农业生产条件好,农业现代化水平高,种植结构调整力度大,为保障国家粮食安全作出了不可替代的贡献。调研组将围绕发展油料作物、扩种大豆总结经验做法,了解问题困难,提出对策建议,发挥政协委员建言资政作用,助力黑龙江进一步提升大豆产能、更好服务国家战略。(此次调研由全国政协农业和农村委员会副主任张勇带队,陈友权作为部委同志参加,先后深入大庆市、齐齐哈尔市克山县、绥化市海伦市、哈尔滨市巴彦县实地调研。随后,陈友权赴吉林省长春市参加7月21日农业农村部、吉林省人民政府、中国科学院、中国农业大学联合主办的"第二届黑土地保护利用国际论坛暨第八届梨树黑土地论坛")

5. 2022 年 5 月 15—20 日，赴河北省参加中央办公厅督查室组织的"毁坏农田问题实地核查暨保障国家粮食安全专项督查"。

河北行唐两村庄毁百亩麦地建光伏电站，官方回应

（来源：石家庄日报客户端）

关于石家庄市行唐县光伏发电项目施工清表问题调查处置情况的通报：近日，行唐县光伏发电项目施工清表问题引发网络报道。石家庄市委、市政府高度重视，立刻成立由市县有关部门组成的联合调查组对这一问题进行调查……（陈友权在行前动员会上介绍我国粮食安全总体形势及面临的突出问题，并带领第三组赴河北省石家庄市元氏县、赵县、行唐县核查督查）

6. 2022 年 2 月 20—23 日，赴吉林省参加中央财经委员会办公室组织的"吉林省'千亿斤粮食产能提升'工程"专题调研。

中央财办副主任廖岷一行就吉林省"千亿斤粮食产能提升"工程进行调研

（来源：中国科学院）

2 月 22 日，中央财经委员会办公室副主任、财政部副部长廖岷，吉林省委常委、常务副省长吴靖平，吉林省副省长韩福春到中国科学院东北地理与农业生态研究所吉林大安农田生态系统国家野外科学观测研究站（以下简称"大安站"），就吉林省"千亿斤粮食产能提升"工程进行调研……

中央财办、国家发展改革委、财政部、水利部、农业农村部、吉林省和东北地理所相关部门负责人等陪同调研。（调研组深入长春市公主岭市、白城市大安市、镇赉县实地调研）

7. 2022年1月16日,赴山东省调研2022年全国春季农业生产现场会议(以国务院名义召开)筹备工作。

农业农村部种植业管理司一级巡视员陈友权一行
赴德州市齐河县焦庙镇实地调研

(来源:齐鲁网·德州)

1月16日,农业农村部种植业管理司一级巡视员陈友权一行来到德州市齐河县国家现代农业产业园综合服务中心进行实地调研。山东省农业农村厅副厅长褚瑞云,德州市农业农村局局长孙丰勇,齐河县委副书记、代县长陈光春,县委副书记刘如伟等领导陪同调研……

陈友权指出,一定要坚持高点定位,高标准建设,坚决扛稳粮食安全重大政治责任,不断提升粮食储备供给保障能力。

8. 2021年10月25—26日,赴山西省参加秋汛灾情和抢收抢种工作调研。

农业农村部副部长张桃林深入我市调研
农田受灾情况和抢收抢种情况

(来源:运城农业委员会)

10月26日,农业农村部副部长张桃林一行深入运城市,就农田受灾情况和抢收抢种工作开展情况进行调研。山西省副省长贺天才,省委农办主任、省农业农村厅党组书记、厅长刘志杰,副厅长王进仁,运城市委常委、副市长董旭光,运城市农业农村局局长苏丽红陪同调研。

张桃林一行先后到稷山县、新绛县和盐湖区实地调研指导。在稷山县上费村、均安村和新绛县娄庄村、平原村抢收抢种现场,他走进田间地头查看土壤墒情,到积水地块了解排水情况,仔细查看倒伏玉米的成色和品质,与基层干部、农技人员、种粮大户等深入交流,详细询问受灾情况、收获播种情况、秋收秋种成本和收益情况等……

在新绛县珍粮粮食种植专业合作社、农业生产托管服务中心，张桃林与相关负责人就农业科技服务、农业生产托管等情况进行交流……

张桃林一行还查看了盐湖区盐碱地治理后玉米、高粱种植等情况，对运城市将海水稻、旱稻优良品种引进过来，"南粮北植"示范推广的做法表示赞赏。

农业农村部种植业管理司一级巡视员陈友权，农业农村部农田建设司副司长吴宏伟等参加调研。（调研组深入运城市稷山县、新绛县和盐湖区实地调研）

9. 2021 年 10 月 22—24 日，赴山东省参加国家发展和改革委员会组织的东营市盐碱地农业综合开发利用专题调研。

国家发展改革委等联合调研通威东营"渔光小镇"生态园区

（来源：汇金网）

通威新能源消息，10 月 23 日，由国家发展改革委农经司司长吴晓、农业农村部种植业管理司一级巡视员陈友权、国家林草局湿地管理司副司长鲍达明等领导组成的联合调研组一行莅临东营"渔光小镇"生态园区项目考察。考察期间，调研组就新渔业、新能源及前沿的环保养殖模式进行了深入探讨，提出了指导意见。希望通威继续紧扣国家能源转型大战略，不忘初心、不负期待，为国家绿色经济发展、乡村振兴目标、美丽中国建设作出应有贡献。（调研组深入东营市黄河三角农高区、自然保护区、现代农业示范区实地调研）

10. 2021 年 10 月 10—12 日，赴河南省参加九三学社中央第三十二次科学座谈会，赴河北省参加秋收秋种工作调研。

九三学社中央第三十二次科学座谈会在开封举行
武维华出席并讲话

（来源：九三学社中央委员会）

10 月 10—11 日，以"加强农业结构调整　推进农业绿色发展"

为主题的九三学社中央第三十二次科学座谈会在开封举行。九三学社中央主席、中国科学院院士武维华出席并讲话。九三学社中央副主席张桃林、赖明,九三学社中央农林专委会主任、中国工程院院士万建民分别主持有关议程。中共河南省委常委、统战部部长孙守刚致辞,河南省政协副主席、九三学社河南省委主委张亚忠出席……

农业农村部种植业管理司一级巡视员陈友权,中国农业大学国家农业科技战略研究院院长高旺盛,九三学社中央农林专委会委员、中国农业科学院农业经济与发展研究所研究员胡志全,九三学社中央农林专委会委员、河南大学副校长王学路,华中农业大学校长李召虎,河南师范大学教授李春喜,辽宁省农业科学院副院长孙占祥,河南大学校长宋纯鹏,中国科学院遗传与发育生物学研究所研究员谢旗,九三学社中央农林专委会委员、西北农林科技大学教授姜志德,中国农业科学院作物科学研究所二级研究员张卫建先后做主题发言,围绕农业种植结构调整总体情况,粮食安全趋势与种植制度调整,长江流域、华北平原、东北地区农业结构调整与绿色发展,生物固氮与可持续农业,生物节水和节水农业,边际土地的高效绿色循环农业,中国农业现代化发展评价,农林和土地利用的碳效应,优化作物布局与提升粮食产能、助力双碳目标等提出意见和建议。(会后陪同张桃林副部长深入开封市祥符区、河北省邯郸市肥乡区调研秋收和秋冬种工作)

11. 2021年5月30日—6月1日，赴云南省开展粮食安全省长责任制考核联合抽查。

国家粮食安全省长责任制考核联合抽查工作组到砚山县抽查考核

（来源：砚山县人民政府）

5月31日，以农业农村部种植业管理司一级巡视员陈友权为组长的国家粮食安全省长责任制考核联合抽查工作组，到砚山县对云南省2020年度粮食安全省长责任制工作落实情况进行抽查考核。

工作组一行先后来到砚山县东南亚玉米研究所、平远镇旱改水项目点、砚山县粮食购销有限公司粮食储备库检查工作。

通过现场检查和听取汇报，工作组对砚山县粮食安全行政首长责任制工作贯彻落实情况表示肯定，认为砚山县在加强粮食生产、储备和流通等方面做了大量有效工作，为保障区域粮食安全作出了积极贡献。工作组要求，砚山县要进一步贯彻落实习近平总书记关于粮食安全的重要论述和指示精神，压实粮食安全政治责任，把保障本地区粮食安全摆在更加突出的位置。要进一步抓好粮食生产，严守耕地保护

红线，着力提高粮食生产科技水平，提高粮食面积产量，增加粮食总产，提升收储调控能力，增强粮食应急保障水平，不断提高粮食自我保障能力。要充分利用好砚山独特的区位优势，加强粮食流通贸易，集中力量搞好农业产业化发展，助农增收，以市场为导向，形成粮食供求良性循环，促进县域经济发展。

砚山县委副书记、代理县长张弦，副县长马兴龙，县发展改革局、县自然资源局、县农业农村技术局等相关单位主要负责人及工作人员参加上述活动。（此次抽查由农业农村部张桃林副部长带队，并与省领导和有关部门负责人座谈。工作组深入文山州砚山县、广南县实地抽查考核）

12. 2021年4月26—28日，赴重庆市、黑龙江省调研粮食安全党政同责制度建设。

中央农办调研组来梁调研

（来源：梁平日报）

4月26日，中央农办调研组来梁，就梁平区粮食产业发展、粮食安全工作和粮食安全党政同责落实等开展调研，并组织召开调研座谈会。中央农办调研组农业农村部种植业管理司一级巡视员陈友权，重庆市农业农村委副主任詹仁明，梁平区委书记杨晓云，区委副书记陈孟文参加相关活动。

座谈会上，与会人员围绕粮食生产、高标准农田建设、水稻种植社会化服务、绿色有机高效农业和农旅融合发展等方面进行了交流发言，并就做好新发展阶段"三农"工作、牢牢扛稳粮食安全重任、落实粮食安全党政同责等发表意见建议。

调研组对梁平区牢牢扛稳粮食安全重任所采取的措施和取得的成绩给予充分肯定，认为位于渝东平原的梁平，沃野千里、碧田万顷，自古便是农业大区、产粮大区，党的十九大以来始终坚持党政同责，坚决扛起保障粮食安全政治责任，藏粮于地、藏粮于技，实现粮食旱涝保收、高产稳产，取得了"连年增"的好成绩，为维护国家粮食安全作出了应有贡献。梁平在粮食产业发展和粮食安全工作方面做出了积极探索、积累了有效经验，为粮食安全党政同责责任制的制定和完善贡献了梁平智慧和力量。希望梁平继续扛起粮食安全重任，守好耕地红线、底线，稳面积稳产量，不断强化"人、地、技、制"统筹，牢牢把住粮食安全主动权，确保实现连年丰收，装满巴蜀粮仓……

当天，调研组一行还前往梁平博物馆、梁平规划展览馆、万石耕春·千年良田、星桥镇两路村、重庆数谷农场等地调研，详细了解梁平区粮食生产、现代农业发展、高标准农田示范片建设等情况。

中央农办调研粮食安全党政同责工作座谈会召开

（来源：垫江日报）

4月26日，中央农办调研粮食安全党政同责工作座谈会在会议中心召开。农业农村部种植业管理司一级巡视员陈友权，重庆市农业农村委副主任詹仁明，垫江县委书记蒲彬彬，县委副书记、县长贾晖，县委副书记粟登琳参加相关活动。

会议听取了垫江县粮食安全党政同责工作开展情况汇报。县纪委监委、县发展改革委、县生态环境局、县市场监管局、普顺镇、长龙镇、中国农业发展银行垫江县支行等相关部门单位负责人围绕落实粮食安全责任制工作作交流发言。

陈友权对垫江县粮食产业发展和粮食安全工作给予了充分肯定。他指出，粮食安全实行党政同责是完善制度政策、提升治理能力、筑牢粮食安全根基的长远之策，是强化政治引领、凝聚强大合力、端牢中国饭碗的现实需要。立足新发展阶段、贯彻新发展理念、构建新发展格局，必须坚定走好中国特色的粮食安全之路。

陈友权强调，县委、县政府和全县各级各部门要扛起粮食安全的政治责任，不断提高政治判断力、政治领悟力、政治执行力，切实在思想上高度重视、在行动上不折不扣，毫不放松把"米袋子"抓实抓好，做到"手中有粮"，确保"心中不慌"。要坚持粮食安全党政同责，逐级夯实责任，严格工作考核，推动粮食安全落到制度机制上、落到具体责任人。要密切配合，不打折扣、不搞变通，共同把粮食安全政治责任扛稳扛牢、任务落地落实，确保全年粮食面积产量"只增不减"。

中央农办调研组到我市调研粮食安全党政同责工作落实情况

（来源：绥化广播电视台《全市新闻联播》）

4月28日，农业农村部种植业管理司一级巡视员陈友权率中央农办调研组到绥化市，就粮食安全党政同责工作落实情况进行调研。绥化市委常委、副市长江锡如参加调研。

13. 2020年4月21—22日，陪同时任国务院副总理胡春华赴河南省、山东省实地督导夏粮和生猪生产工作。

胡春华在河南、山东实地督导夏粮和生猪生产

（来源：中国政府网）

中共中央政治局委员、国务院副总理胡春华4月21—22日在河南、山东实地督导夏粮和生猪生产工作。他强调，要深入贯彻习近平总书记重要指示精神，按照党中央、国务院决策部署，坚持不懈抓好夏粮生产，扎实推进生猪生产恢复，努力实现夏粮丰收和生猪稳产保供。

河南、山东两省是我国夏粮主产区，也是生猪生产大省。胡春华先后来到河南省开封市、山东省菏泽市和济宁市，详细了解夏粮生产与病虫害防治、生猪生产恢复和非洲猪瘟防控等情况，并与农民、基层干部、科技人员和企业负责人深入交流。

胡春华强调，当前经济发展面临的挑战前所未有，抓好粮食和生猪生产对于确保粮食和重要副食品安全意义重大。要努力克服新冠疫情影响，细化目标、压实责任，切实把各项政策措施落到实处。要加强夏粮田间管理，加大小麦条锈病、赤霉病等重大病虫害防控力度，推进统防统治、联防联控，落实"一喷三防"等关键措施。要密切关注苗情发展，提早防备干热风、烂场雨等自然灾害。要保持生猪生产恢复发展好势头，大力支持养殖场户补栏增养，加快新建、改扩建养猪场，多渠道增加种猪供应。要扎实做好非洲猪瘟防控工作，强化疫情监测排查和生猪调运监管，做到早发现、早报告、早处置，坚决防止疫情扩散。（胡春华副总理深入河南省开封市、山东省菏泽市和济宁市实地督导，农业农村部副部长刘焕鑫和种植业管理司一级巡视员陈友权全程陪同）

14. 2020年4月14—17日，陪同时任国务院副总理胡春华赴广东省、湖南省实地督导春耕和生猪生产工作。

胡春华在广东、湖南实地督导春耕和生猪生产工作

（来源：中国政府网）

中共中央政治局委员、国务院副总理胡春华4月14—17日在广东、湖南实地督导春耕和生猪生产工作。他强调，要深入贯彻习近平总书记重要指示精神，按照党中央、国务院决策部署，全面压实责任、落实各项措施，坚决完成稳定粮食生产和恢复生猪生产目标任务，确保粮食和重要副食品供应安全。

广东、湖南是我国稻谷重要产区，也是生猪生产大省。胡春华先后到广东清远和湖南岳阳、益阳等地开展调研，实地督导早稻面积落实、育秧插秧进度、农资供应保障、生猪生产恢复和非洲猪瘟防控等工作，在田间地头和生产现场与农民、合作社和企业负责人进行深入交流。

胡春华强调，面对新冠疫情带来的风险挑战，要坚决落实粮食安全省长责任制和生猪生产省负总责要求，不折不扣抓好农业生产。要稳定并努力增加粮食播种面积，全面落实各项支农惠农政策，充分调动农民群众种粮积极性。要千方百计抢抓农时，加快春播春种进度，有条件的地区要加快恢复双季稻生产。要发挥社会化服务组织作用，支持开展联耕联种、代耕代种等一站式托管服务，确保农资供应，加

强病虫害防治。要坚定不移加快恢复生猪生产,落实落细各项扶持政策,持续加强非洲猪瘟防控,努力推动新增产能投产,保障猪肉市场供应。(国务院副总理胡春华深入广东省清远市、湖南省岳阳市和益阳市实地督导,农业农村部副部长刘焕鑫和种植业管理司一级巡视员陈友权全程陪同)

15. 2019年6月10—12日,赴内蒙古自治区开展十三届全国人大二次会议重点督办建议专题调研。

农业农村部调研组来我市开展十三届全国人大二次会议重点督办建议专题调研

(来源:乌兰察布市人民政府)

6月11日,农业农村部种植业管理司副司长陈友权一行深入我市,就十三届全国人大二次会议重点项目督办建议进行专题调研,并召开对接座谈会。

内蒙古自治区农牧厅巡视员王国林主持会议,自治区人大常委会农牧业工作委员会副主任张治中,乌兰察布市委副书记、市长费东斌,副市长王国相出席座谈会。

座谈会上,费东斌详细介绍了我市马铃薯产业和经济社会发展情况。近年来,我市依托产业比较优势,积极推进马铃薯主粮化,在基地建设、良种繁育、加工仓储、品牌推广等方面取得一些成绩。但与李克强总理来我市考察提出的指示精神和"中国薯都"建设要求相比,与乡村振兴产业发展和脱贫攻坚担当使命相比,马铃薯产业还存在许多弱项和短板。针对这些问题,费东斌向调研组阐明了建议国家实施马铃薯生产者补贴、实施马铃薯良种补贴、支持开展马铃薯价格指数保险等10项马铃薯产业发展建议及理由。

针对大家提出的问题,调研组给予了一一回应,并对下一步工作提出了宝贵的指导意见。陈友权对我市大力发展马铃薯产业中的做法和经验给予高度评价,对全国人大代表内蒙古人大常委会副主任那顺孟和与费东斌代表在十三届全国人大二次会议上提出的"关于加大马铃薯主粮化扶持力度的建议"表示认同。他指出，乌兰察布市区位优势和政策优势明显，马铃薯产业基础很好，是国内公认的马铃薯产业黄金带，也是国家重要的马铃薯种薯、商品薯和加工专用薯生产基地。乌兰察布市委、市政府，能够立足本地优势产业，解放思想，积极开展先行先试工作，为全国马铃薯产业发展和国家完善相关配套政策提供了重要借鉴。

陈友权要求，乌兰察布要深入贯彻落实习近平新时代中国特色社会主义思想，按照李克强总理考察乌兰察布重要指示精神和全国人大代表议案情况，认真研究相关政策措施，积极与国家和自治区相关部门沟通协调，用足用好现有政策措施，助推乌兰察布马铃薯产业发展取得新突破。要将脱贫攻坚与乌兰察布马铃薯产业相结合，加强种植大户与优质企业沟通合作，不断延长马铃薯产业链，全面增加农牧民收入，助力脱贫攻坚。农业农村部与自治区农牧厅要加大对乌兰察布马铃薯产业在政策、项目等方面的支持力度，聚焦乌兰察布优势产区，把马铃薯作为带动农业增效、农民增收的重点农作物，力争将"小土豆"做成"大产业"。

16. 2019年5月25—26日，赴吉林省开展粮食安全省长责任制考核实地抽查。

国家抽查组到农安考核粮食安全省长责任制工作

（来源：农安县人民政府）

根据国家粮食安全省长责任制考核工作组办公室安排，5月25—26日，以农业农村部国家首席兽医师李金祥为领队、农业农村部种植业管理司陈友权副司长为组长的抽查组，到长春市开展政策性粮食库存大清查督导和粮食安全省长责任制考核抽查工作。其中，农安县代表长春市接受粮食安全省长责任制考核抽查。吉林省粮食和物资储备局副局长白忠凯、省农业农村厅副厅长张永林及有关处室负责同

志,长春市政府副秘书长郑广慧,副县长刘生贵陪同考核。

此次考核抽查主要采取听汇报、查阅资料、实地检查等方式进行。座谈会上,郑广慧、刘生贵分别代表长春市政府、农安县政府汇报了2018年度粮食安全省长责任制落实情况……

听取汇报、查阅资料后,陈友权对长春市、农安县粮食安全省长责任制工作给予肯定,认为各项工作落实到位、保障措施推进有力,尤其是高标准农田建设、保护性耕作等工作成效显著,基础设施、抗旱保收"有经验、有措施、有创新",为确保国家粮食稳定发展作出了积极贡献。希望长春市和农安县要继续全力推进粮食安全省长责任制工作,确保粮食安全和稳定发展。

随后,抽查组深入龙王乡万亩水稻高标准农田建设现场、兆田农机专业合作社进行实地检查,听取汇报、详细了解合作社基本情况及种植品种、产量等情况。

长春市粮食和物资储备局、市农业农村局领导和有关同志,农安县粮食和物资储备局、农业农村局、农机总站、财政局、发改局、自然资源局、水利局、生态环境局、市场局、国家统计局农安调查队主要负责同志分别参加上述活动。

17. 2019 年 5 月 8 日，参加民盟中央重点调研课题座谈会。

曹卫星副主席出席"统筹国内国外粮食市场，促进国内自然资源尤其是土地资源的休养生息"重点调研课题座谈会

（来源：中国民主同盟）

2019 年 5 月 8 日下午，民盟中央在北京召开"统筹国内国外粮食市场，促进国内自然资源尤其是土地资源的休养生息"重点调研课题座谈会。全国政协常委、民盟中央副主席曹卫星主持会议并讲话。

会上，课题负责人，民盟中央常委、农业委员会主任、北京市农林科学院院长李成贵介绍了课题调研思路和方案。国家粮食和物资储备局党组成员、副局长卢景波，自然资源部耕地保护监督司司长刘明松，水利部农村水利水电司副司长倪文进，农业农村部种植业管理司副司长陈友权，国家粮食和物资储备局粮食储备司副司长罗守全等国家部委有关负责同志，就当前粮食安全形势、农业自然资源利用现状和问题、统筹国内国外粮食市场等问题作了情况介绍。民盟中央农业委员会、民盟黑龙江省委、民盟江苏省委、民盟宁夏区委等课题承担单位的与会专家围绕调研主题、方案提出了意见建议，进行了互动交流。

二、推进粮油生产绿色高质高效发展

1. 2022 年 9 月 20—22 日，赴山西省参加部省战略合作协议落实推进会，并组织召开全国旱作节水农业观摩研讨会。

落实部省战略合作协议暨全省有机旱作农业现场推进会召开

（来源：搜狐网）

9 月 21 日，落实部省战略合作协议暨全省有机旱作农业现场推进会在忻州市召开。山西副省长贺天才，农业农村部种植业管理司

一级巡视员陈友权出席并讲话，山西省政府副秘书长丁永平出席，山西省农业农村厅厅长刘志杰主持并讲话，忻州市委书记朱晓东出席并致辞，山西农业大学校长张强出席并作交流发言，国家旱地农业科技创新联盟秘书长王庆锁宣布全国旱作农业科技创新联盟有机旱作专业委员会成立并揭牌，中国工程院院士康绍忠、尹飞虎分别作线上专题报告，忻州市政府副市长崔峥岭出席并作交流发言。全国旱作节水农业研讨观摩会代表，全国旱作农业科技创新联盟有机旱作专业委员会代表，山西省有机旱作农业发展领导小组部分成员单位有关负责人，兄弟市分管副市长、农业农村局局长参加会议……

陈友权指出，推进山西有机旱作农业发展是农业农村部和山西省贯彻落实习近平总书记重要讲话重要指示精神及党中央国务院决策部署，合力推进黄河流域生态保护和农业农村高质量发展的重大任务。山西对发展有机旱作农业看得重、抓得实，立足资源禀赋、坚持绿色发展、突出示范引领、狠抓品牌建设，探索出了一条技术集成配套、产业集群发展、生态绿色循环的有机旱作农业发展新路子。农业农村部将加大与山西省部省战略合作力度，把做优做强有机旱作农业作为乡村振兴和推进农业农村现代化的重要抓手，持续加力，完善扶持政策，增加资金投入，加强科技支撑，强化指导服务，合力推进山西有机旱作农业发展不断迈上新台阶、取得新成效……

会上，陈友权、张强、王庆锁共同为全国旱作农业科技创新联盟有机旱作专业委员会揭牌；晋中国家农高区、山西农业大学、忻州市、长治市代表作交流发言。

2022 年中国农民丰收节山西主场活动启动仪式暨"有机旱作·晋品"品牌发布会在忻州举行

（来源：山西发布）

金秋粮满仓，欢歌庆丰收。9月21日，2022年中国农民丰收节山西主场活动启动仪式暨"有机旱作·晋品"品牌发布会在忻州市忻府区小檀村举行。山西省委书记林武作出批示，省委副书记商黎光宣布活动启动，副省长贺天才宣读批示……

山西省委副书记商黎光、省人大常委会副主任张志川、副省长贺天才、省政协副主席王立伟、农业农村部种植业管理司一级巡视员陈友权等为"有机旱作·晋品"省域农业品牌标识揭牌。省委农办、省农业农村厅主要负责人介绍"有机旱作·晋品"省域农业品牌……

全国旱作节水农业观摩研讨会在我市召开

（来源：人民融媒体）

9月22日，全国旱作节水农业观摩研讨会在忻州市召开。农业农村部种植业管理司一级巡视员陈友权出席会议并讲话。全国农业技术推广服务中心副主任刘信、省农业农村厅副厅长王进仁出席会议并致辞。

会上，围绕节水增粮增效、黄河流域节水控水、旱作节水农业绿色高质量发展等方面，山西、甘肃、宁夏、内蒙古、陕西、河南、山东、黑龙江、福建作了典型交流……

陈友权充分肯定各地在旱作节水农业发展中取得的成绩。他强调，要深刻认识发展旱作节水农业是落实国家重大战略的迫切需要，要进一步增强紧迫感和责任感，持续推进、久久为功，主动防范应对各种风险挑战。要坚持以绿色发展理念为统领，做到节约与增效并重、生产与生态统筹、点片示范与整体推进结合，加快完善农业节水体系，强化农田节水设施建设，加强农业节水科技创新，为推动农业农村现代化奠定坚实基础。

2. 2021年4月23日，赴四川省组织召开全国耕地轮作休耕暨绿色高质高效行动推进落实会。

全国耕地轮作休耕暨绿色高质高效行动推进落实会在成都召开

（来源：搜狐网）

4月23日，全国耕地轮作休耕暨绿色高质高效行动推进落实会在成都召开，会议分析了当前粮食生产形势，对下一步粮食生产、耕地轮作休耕、绿色高质高效行动项目进行了安排部署。农业农村部种植业管理司一级巡视员陈友权出席会议并作讲话。农业农村厅党组成员、机关党委书记伍修强在会上致辞。全国31个省（区、市），北大荒农垦集团有限公司，青岛市农业农村局种植业处有关负责人参会，并对粮食生产工作部署、耕地轮作休耕、绿色高质高效行动项目已开展工作、存在的问题及建议进行了交流发言。

会议指出，我国现在处于粮食供给紧平衡，未来很长一段时间也将处于粮食供给紧平衡。保障粮食安全的形势更加严峻复杂。各级农业农村部门要深入贯彻习近平总书记的指示批示精神，抓好当前粮食生产，狠抓春播面积，确保完成全年粮食生产目标。

会议强调，今年是建党100周年，"十四五"开局之年，要把粮食安全放在突出位置，毫不松懈地抓好粮食生产，确保今年粮食面积只增不减。

会议要求，各级农业农村部门要将项目资金用于粮油生产，严禁挤占、挪用资金，做出好的典型、好的经验。

3. 2021年3月1日，促进农业科技创新项目管理合作。

科技部农村中心与农业农村部科技发展中心签署战略合作备忘录 开启农业领域项目管理专业机构合作新篇章

（来源：中国科技网）

3月1日，在科技部中国农村技术开发中心（以下简称"科技部农村中心")与农业农村部科技发展中心共同组织召开战略合作备忘录签约暨"十四五"农业科技创新研讨交流会上,双方签署了战略合作备忘录,标志着农业领域项目管理专业机构合作新篇章的开启……

科技部资源配置与管理司一级巡视员郭日生、农村科技司副司长胡益锋以及农业农村部科技教育司副司长张文、种植业管理司一级巡视员陈友权、种业管理司副司长孙好勤、农田建设管理司一级巡视员陈章全出席会议并讲话。会议由农业农村部科技发展中心党委书记杨礼胜主持,科技部农村中心副主任陈成、农业农村部科技发展中心副主任陈彦宾分别介绍了"十三五"重点研发计划组织实施情况和经验做法。

4. 2020年12月15日,赴江西省参加2020年全国省级农技（经作）站长会议。

实施三大"农技行动"着力开创"十四五"农技推广新局面

（来源：南阳市农业农村局）

12月15日,2020年全国省级农技（经作）站长会议在江西省南昌市召开。会议全面总结了"十三五"种植业技术推广取得的进展和成效,系统分析了当前面临的形势和任务,研究部署了"十四五"种植业技术推广的思路和措施。江西、吉林、河南、贵州、陕西和甘肃6个省分别就种植业技术推广、实施三大农技行动、农技推广机制创新、重大项目实施和重点工作等方面作了典型交流,并分4个组就实施三大"农技行动""十四五"农技推广的思路和工作等问题进行了讨论交流。江西省农业农村厅副厅长刘光华致辞,农业农村部种植业管理司一级巡视员陈友权和全国农业技术推广服务中心主任魏启文分别讲话,全国农业技术推广服务中心副主任王戈主持会议……

5. 2020年11月14日,赴四川省开展粮食生产效益专题调研。

农业农村部种植业管理司专题调研我市粮食生产效益

(来源:江油市人民政府)

日前,农业农村部种植业管理司一级巡视员陈友权一行,莅临江油市开展粮食生产效益专题调研,四川省农业农村厅肖祥贵巡视员、种植业和农药肥料处刘代银处长、植物保护站尹勇站长,绵阳市农业农村局总农艺师任彪参加调研,江油市政府党组副书记李林,农业农村局局长李克勇、总农艺师田甜陪同调研。

调研组一行深入我市新安镇黄土村与当地镇村干部、种植大户、小农户等进行座谈。座谈会上调研组一是听取了我市粮食生产情况汇报;二是听取了新安镇、黄土村行政区域调整、农业生产条件、种植结构及生产效益、存在问题等情况汇报;三是详细询问了合作社、种植大户及一般小农户粮食种植成本构成、亩产量、销售价格及种植效益等情况。座谈会后调研组又实地考察了当地"稻—虾共作"生产基地、优质稻加工中心等。

陈友权对我市切实抓好粮食生产工作给予充分肯定,对他的联系村——黄土村近年来的新变化、新发展、新成绩感到欣慰,要求我市要高度重视粮食生产,突出抓好优质品种和先进技术推广、经营主体和服务主体培育、品牌建设和市场营销等环节,切实抓好粮食稳产保供和提质增效。

6. 2020年11月10日,赴湖南省组织召开全国耕地轮作休耕制度试点暨大豆振兴计划推进落实会。

全国耕地轮作休耕制度试点暨大豆振兴计划推进落实会在长沙召开

(来源:湖南省农业农村厅)

为深入推进耕地轮作休耕制度试点和大豆振兴计划,加快构建绿色种植制度,推动种植业转型升级和高质量发展,农业农村部种植业管理司于11月10日在长沙召开了全国耕地轮作休耕制度试点暨大豆振兴计划推进落实会。

农业农村部种植业管理司一级巡视员陈友权出席会议并讲话，湖南省农业农村厅党组成员、副厅长唐建初致欢迎词，全国农业技术推广服务中心副主任王戈主持。来自农业农村部种植业管理司、计划财务司、全国农业技术推广服务中心负责人及有关处（室）人员，以及各省、自治区、直辖市农业农村（农牧）厅（局、委），黑龙江省农垦总局，青岛市农业农村局的种植业处（农技推广总站）负责人参加会议。

陈友权在讲话中指出，要进一步深化对粮食安全重要性的认识，对抓好明年粮食生产提出了几点要求。一是要毫不松懈地抓好粮食生产。要对照年初要求，做好今年粮食生产工作总结，稳定今年冬播和明年春播生产，千方百计确保粮食面积稳定。二是要多措并举抓好油菜生产。要积极开发利用南方冬闲田，扩大油菜面积，充分发挥长江流域优质油菜品种、光温资源等优势，积极发展油用、菜用、花用、肥用、饲用等多种功能油菜，提高油菜综合生产效益，稳定扩大油菜面积。三是要大力促进一、二、三产业融合发展。要筛选适合发展的优质优价粮食、油菜品种，不断加大粮食、油菜的综合生产效益，帮助、指导新型农业经营主体，依托主体的带动和示范作用，提高农民的种粮积极性。

7. 2020年9月29日，赴甘肃省参加全国粮改饲工作推进现场会。

认真总结经验 扎实做好新时代粮改饲工作

（来源：搜狐网）

9月29日，农业农村部在甘肃省临夏回族自治州召开全国粮改饲工作推进现场会。农业农村部副部长于康震出席会议并讲话，甘肃省副省长常正国出席会议并致辞。甘肃省政府副秘书长郭春旺、农业农村部种植业管理司一级巡视员陈友权、全国畜牧总站站长王宗礼出席会议。农业农村部畜牧兽医局局长杨振海主持会议。甘肃省农业农村厅厅长李旺泽在会上作题为《以粮改饲为突破口,大力发展循环农业,着力打造绿色"甘味"农产品知名品牌》的交流发言。

8. 2019年10月25日,赴四川省组织召开全国粮油绿色高质高效暨玉米大豆带状复合种植技术现场会。

仁寿粮食园区科技兴粮显成效　迎来全国性现场会在仁寿召开

（来源：四川新闻网）

仁寿粮食园区,科技兴粮显成效。10月25—26日,由农业农村部种植业管理司、全国农业技术推广服务中心、四川农业大学和仁寿县人民政府等部门联合举办的全国粮油绿色高质高效暨玉米大豆带状复合种植技术现场会在仁寿召开。

农业农村部种植业管理司一级巡视员陈友权,全国农业技术推广服务中心副主任许发辉,四川省农业农村厅党组成员、机关党委书记伍修强,大豆带状复合种植重点任务研究相关的岗位专家与综合试验站站长,以及来自全国13个省(市、区)的科研单位、农业行政及农技推广部门及相关企业代表共计200余名,赴四川省现代粮食产业仁寿示范园区进行了现场观摩。会上,粮食园区党工委书记、管委会主任林剑英对粮食园区的规划设计和基本情况作了介绍。

9. 2019年10月10日,赴河北省参加玉米大豆带状复合种植技术示范现场会。

玉米不减产　多收一茬豆

（来源：平原县人民政府）

"开始!"随着一声令下,自走式玉米收获机、大豆联合收割机匀速驶离田埂,两行玉米留下齐整贴地的根茬,4行大豆豆荚被收走、秸秆粉碎还田。10月10日,记者在河北省石家庄市藁城区千亩高产示范片示范观摩现场，目睹了"玉米大豆带状复合种植技术"全程机械化及技术集成应用成果。

在同日举办的交流座谈会上，农业农村部科技发展中心项目管理专员熊超认为，作为粮丰专项重大成果，这项技术还提供了解决大豆供应关键核心技术的新思路。中国工程院院士、南京农业大学原校长盖钧镒教授表示，这项技术创新了化解玉米大豆饲料供需矛盾的办法。农业农村部种植业管理司一级巡视员陈友权希望相关科研团队继续攻坚，推进技术本土化，实现操作技术便捷化、智能化和安全化。

10. 2019年9月19日，赴甘肃省参加2019中国·定西马铃薯大会。

甘肃定西"洋芋蛋"嬗变：从不起眼到特色主导产业

（来源：中国新闻网）

"过去不起眼的'洋芋蛋'，不仅催生独具特色的定西饮食文化，还助力脱贫，改变当地人们的生活面貌。"甘肃省定西市委书记唐晓明19日表示，马铃薯自200年前扎根定西以来，对该市地域文化传承、地方经济发展、民众日常生活来说，均起到重要作用。

当日，2019中国·定西马铃薯大会暨第四届中欧马铃薯论坛开幕。此次大会以"定西的马铃薯、中国的马铃薯、世界的马铃薯"为主题，主要包括美食体验、开幕大会、推介采购、现场观摩、薯业论坛、展览展示6项活动……

农业农村部种植业管理司一级巡视员陈友权说，甘肃通过农业展会、营销促

销、宣传推介、品牌打造、线上交易和线下体验，推介定西马铃薯的地域优势和品质优势，构建马铃薯绿色生产技术体系，主推黑膜全覆盖垄侧栽培、配方施肥、统防统治、全程机械化等关键技术，全省绿色标准化种植面积达到680万亩。

陈友权还说，2019年甘肃脱毒种薯生产面积30多万亩，脱毒种薯推广面积超过900万亩，生产马铃薯脱毒原原种12亿粒，原种和合格种薯产量60多万吨，销往20多个省（区、市），原原种还出口到沙特阿拉伯、土耳其、埃及、俄罗斯等国家和地区。

2019中国定西马铃薯大会举办

——定西马铃薯精彩中国，走向世界

（来源：看点快报）

金秋陇中，薯花飘香。9月19日，2019中国·定西马铃薯大会暨第四届中欧马铃薯论坛在甘肃省定西市开幕。

本次大会以"定西的马铃薯、中国的马铃薯、世界的马铃薯"为主题，由农业农村部和甘肃省人民政府共同主办，甘肃省农业农村厅和定西市人民政府承办。甘肃省人民政府副省长常正国、农业农村部种植业管理司一级巡视员陈友权、荷兰驻中国大使馆代表托马斯·贝恩、定西市委书记唐晓明等出席大会并在开幕式中致辞……

农业农村部种植业管理司一级巡视员陈友权对定西马铃薯在种植、加工、品牌、销售等产业发展成就予以高度肯定。他谈到，定西马铃薯已经成为国内马铃薯产业发展的一面旗帜，一些企业和产品成功进军海外，为中国马铃薯产业走向世界打造了一张靓丽名片。"马铃薯大会在定西举办，为定西马铃薯产业的加快发展提供了机遇。希望定西能够抓住机遇，发挥优势，成为我国马铃薯的产业高地、学术高地、贸易中心。"

11. 2019年9月9日,赴内蒙古自治区参加中国·乌兰察布马铃薯绿色发展科技创新大会。

中国·乌兰察布马铃薯绿色发展科技创新大会召开

(来源：乌兰察布市人民政府)

9月9—10日,由中国农业科学院、内蒙古农牧厅和乌兰察布市政府主办的中国·乌兰察布马铃薯绿色发展科技创新大会召开,通过搭建全国性马铃薯学术交流和研讨平台,学习借鉴和大力推广马铃薯产业先进技术和经验,加强科研、生产、经贸合作,促进马铃薯产业良性发展。

农业农村部种植业管理司一级巡视员陈友权,农业农村部乡村产业发展司副司长刁新育,农业农村部农业机械化技术开发推广总站站长刘恒新,全国农业技术推广服务中心副主任许发辉,中国农业科学院蔬菜花卉研究所所长张友军,中国工程院院士罗锡文,甘肃省农业农村厅党组成员杨祁峰,内蒙古自治区农牧厅副巡视员吴忠岩,乌兰察布市委副书记、市长费东斌,副市长王国相出席会议。

大会期间,与会人员采取现场观摩的方式,实地观摩了凯达马铃薯博物馆和马铃薯生产加工线、马铃薯首席专家工作站马铃薯试验基地,观看了马铃薯绿色发展技术集成模式与示范及全程机械化现场演示。

陈友权在致辞中表示,通过实地观摩,全面了解了乌兰察布马铃薯良种培育、绿色发展技术集成、农机农艺融合发展等方面的成就,令与会人员深受启发。借助此次大会,深入研究我国马铃薯产业发展存在的突出问题,充分交流新成果、新品种、新技术、新模式、新业态、新经验,总结宣传新理念、新机制、新成效,助推我国马铃薯产业再上新台阶。

12. 2019年7月29日，在农业农村部管理干部学院为中国农业科学院创新工程首席科学家研修班讲课。

[首席研修] 聚焦"三个面向" 全力保障国家粮食安全

（来源：中国农业科学院作物科学研究所）

近日，中国农业科学院创新工程首席科学家研修班——"粮食与经济作物"研修班成功举办。研修班邀请院士、知名专家、有关部门领导进行授课。作科所、蔬菜所等17个研究所的领导、团队首席和科研骨干以及院人事局、成果转化局等部门领导共170余人参加了研修……

授课专家农业农村部种植业管理司副司长陈友权以"强化绿色理念加力推进种植业绿色发展"为题，指出绿色发展已成为推进种植业持续发展的必然选择；农业农村部种业管理司副司长周云龙围绕"我国种业发展现状与展望"，介绍了新时期种业发展的历程、新形势以及发展任务，指出实现"藏粮于技"，种子、种畜禽是最主要载体，并提出了我国种业科技创新方面的相关建议。

13. 2019年3月29日，宣传绿色农业发展成效。

智能化绿色农业实现提质增效

（来源：中华人民共和国中央人民政府）

"春分麦起身，农事要紧跟"。眼下，北方冬麦区大部开始返青拔节，西南麦区进入抽穗扬花期。由南向北，绿色生产成为今年春耕主旋律。

三减三增"惠"春耕

开展农业节肥节药行动，实现化肥农药使用量负增长。农业农村部种植业管理司副司长陈友权介绍，今年将果菜茶有机肥替代化肥试点扩大到175个县，继续开展病虫害绿色防控替代化学防治试点，巩固化肥农药"负增长"成效，让更多绿意笼盖四野。

"三增"——扩大耕地轮作休耕试点，推广旱作农业，增加大豆、油料和优质饲草料生产。优化种植结构，也让土地喘口气。3年来，我国玉米去库存超预期，"镰刀弯"等非优势区玉米结构调整基本到位。

在此基础上，农业供给侧结构性改革不断深入细化。陈友权说，今年我国将深入推进绿色高质高效行动。因地制宜发展青贮玉米、苜蓿等优质饲草料生产；实施大豆振兴计划，完善大豆生产者补贴政策，扩大东北、黄淮海地区大豆面积；扩大耕地轮作休耕制度试点规模。

14. 2019年1月8日，在北京市组织召开2018年度中国小麦质量年会。

中国面包小麦再添生力军——泛育麦17和泛麦8号

（来源：美篇）

2019年1月8—9日，中国农业科学院作物科学研究所在北京召开2018年度中国小麦质量年会。农业农村部种植业管理司副司长陈友权、中国科学院院士赵振东等领导和专家出席了会议。会议由全国农业技术推广服务中心副处长汤松和农业农村部谷物品质监督检验测试中心常务副主任王步军研究员主持。

陈友权副司长指出，发展优质专用小麦是新形势下提升我国农业产业竞争力的需要，他充分肯定了过去10多年来我国优质专用小麦生产取得的成绩，分析了当前优质麦发展所面临的困难和制约因素，并针对当前优质麦发展现状和存在的问题，提出了深入开展绿色高质高效创建、做大做强小麦产业联盟、加快优质专用小麦科技创新及完善优质专用小麦标准体系等4点要求。

15. 2018年12月28日，赴四川省签署推进粮油绿色高质高效整市创建合作备忘录。

尹黎明主持广安市人民政府与农业农村部种植业管理司
推进粮油绿色高质高效整市创建合作备忘录签署仪式

（来源：广安市人民政府）

12月28日，广安市人民政府与农业农村部种植业管理司签署推进粮油绿色高质高效整市创建合作备忘录。农业农村部种植业管理司副司长陈友权，四川省农业农村厅机关党委书记肖小余，广安市委副书记、市长曾卿出席签署仪式并讲话。

8月20日，广安市委书记李建勤到农业农村部对接汇报工作，双方就支持广安创建国家现代农业（龙安柚）产业园、中国特色农产品优势区、粮油绿色高质高效市达成共识。目前，已支持广安区成功创建中国特色农产品优势区。根据此次签署内容，农业农村部种植业管理司将把广安作为推进粮油产业绿色高质高效发展的创新基地，共同探索发展的政策措施、技术措施和工作机制，努力将广安打造成全

国粮油绿色高质高效整市创建示范市。

陈友权表示，广安市作为四川省和全国的产粮大市，高度重视粮食和农业生产，全市现代农业快速发展。农业农村部种植业管理司和广安市启动"司市共建"，共同推进粮油绿色高质高效整市创建，既能充分发挥农业农村部政策引导和技术指导优势，又能突出广安市粮油作物生产优势。希望双方共同努力，把广安打造成全国粮油绿色高质高效整市创建示范市，引领创建工作向更大规模、更高层次推进，带动种植业提质增效和农业转型升级。农业农村部种植业管理司将继续支持广安乡村振兴和农业农村现代化建设，为小平家乡从农业大市向农业强市转变作出积极贡献。

曾卿表示，近年来，广安以习近平新时代中国特色社会主义思想为指导，按照中央、省委和市委的部署要求，真正把现代农业作为推动广安持续健康发展的重要支撑。长期以来，农业农村部怀着对小平同志的缅怀之情，在项目、政策、资金等方面给予广安很多倾斜，此次合作是农业农村部支持小平家乡建设发展的又一具体行动，广安将落实好此次合作事项，力争用3年时间把广安打造成丘区粮油绿色高质高效发展示范样板。希望农业农村部在现代种养业龙头企业引进、国家级现代农业（龙安柚）产业园创建、绿色高质高效农业发展、粮食生产功能区和重要农产品（油菜）生产保护区建设等方面给予广安更多支持，助力广安现代农业发展。副市长尹黎明主持签署仪式。

16．2018年12月1日，在中国农业大学参加国家玉米改良中心成立20周年学术研讨会。

国家级玉米改良中心20年　助力玉米产业升级

（来源：新浪博客）

12月1—2日，国家玉米改良中心成立20周年学术研讨会暨农业农村部玉米生物学与遗传育种学科群学术交流会在北京召开，大会释放出多项玉米产业未来变革趋势的信号。

产业发展离不开科技支撑

"玉米产业的稳定发展,广大的农业科技工作者功不可没。"对于玉米产业的发展壮大,农业农村部种植业管理司副司长陈友权认为农业科技水平的提升发挥了最重要的作用。

陈友权认为:"近20年来玉米产业稳定发展,是政策、科技、气象等多种因素综合作用的成果,但主要归功于科技的进步。"得益于玉米种质创新、品种改良、栽培技术的提升、农机农艺的配套,玉米产业实现稳步发展。

17. 2018年11月9日,赴湖北省组织召开全国种植结构调整调度会。

全国种植结构调整调度会在天门市召开

(来源:湖北省农业农村厅)

11月9日,农业农村部种植业管理司在天门市召开全国种植结构调整调度会。种植业管理司陈友权副司长出席会议并作总结讲话,全国农业技术推广服务中心王戈副主任主持会议,湖北省农业农村厅肖长惜总农艺师出席会议并讲话,湖北、河北、山西等19个省(区)农业部门的种植业处和农技推广总站代表50余人参加了会议。

18. 2018 年 9 月 28 日，赴青海省参加 2018 中国·青海青稞产业发展推进行动启动会。

青海推进青稞产业精深加工转型升级

（来源：青海省人民政府）

青海作为我国青稞作物的主产区，近年来通过提升科研技术、选育良种等多项措施，积极推进青稞产业精深加工转型升级。

"在国家有关部委的支持下，青海先后选育推广了一批适应不同生态区种植的高产、优质、多抗青稞新品种，研发了不同青稞生产条件下的原良种繁殖技术和高产栽培技术，为青稞生产稳定发展提供了技术支撑。"农业农村部种植业管理司副司长陈友权在 28 日举行的 2018 中国·青海青稞产业发展推进行动启动会上说。

青稞产业：转型升级进行时……

（来源：青海日报官方账号）

时下，正值我省海南藏族自治州青稞收获季，当地农民抢抓农时进行收割，一望无际的青稞田宛如一片金色的海洋，收割机在麦浪中翻滚前行，一派繁忙景象。

农业农村部种植业管理司副司长陈友权在全省青稞产业发展行动启动会上介绍，农业农村部高度重视青藏高原青稞产业发展，下大力气予以推进，在青海在青稞种子繁育基地、青稞商品粮生产基地和青稞加工专用原料生产基地建设等方面给予了大力支持，极大地改善了青海省青稞产业发展的基础设施条件，增强了青稞产业生产体系的整体实力，青稞综合生产能力得到较大提高，青稞育种水平居于全国前列，育成的一些优质高产品种在我国藏区广泛推广种植，有效带动了农牧民发展青稞生产的积极性，不少地区的农户通过青稞产业实现了脱贫致富，青稞产业在高寒地区产业扶贫中显示出了独特的优势和特点，已成为精准扶贫的优选产业。青稞加工业不断发展，提升了青稞加工利用价值，填补了青海省青稞精深加工空白，涌现出一批具有较高市场占有率和一定竞争力的名牌产品。

19. 2018 年 8 月 18 日，参加绿色农业发展论坛暨 2018 蜜蜂大会。

长知识，作物蜜蜂授粉与人工授粉差距这么大！

（来源：搜狐网）

2018 年 8 月 18 日，由中国农业国际合作促进会、中国绿色食品协会主办，中国养蜂学会、中国农业科学院蜜蜂研究所、先正达（中国）投资有限公司合作主办的"绿色农业发展论坛暨 2018 蜜蜂大会"在中国农业科学院召开。农业农村部农村经济研究中心党组书记魏琦、中国绿色食品发展中心主任张华荣、农业农村部畜牧业司副司长王锋、先正达公司中国大区总裁顾思锐先生，以及蜜蜂相关企业、种植大户等近 400 人参会。

由农业农村部政策法规司副司长赵长保主持的"谈'蜂'论道"的对话环节中，农业农村部种植业管理司副司长陈友权、农业农村部畜牧业司畜牧处处长左玲玲、全国农业技术推广服务中心主任刘天金、全国畜牧总站书记时建忠、农业农村部农药检定所姜辉副总农艺师、先正达公司业务可持续发展总监朱庆华、北京蜂为媒生物科技有

限公司总经理罗照亮从不同的角度讲述蜜蜂的故事,就推动蜜蜂授粉与绿色农业发展等话题分享了看法。

20. 2018年7月22日,赴四川省调研耕地撂荒和粮食生产收益。

农业农村部种植业管理司陈友权副司长一行到水产所稻虾基地调研

(来源:四川省农业科学院)

2018年7月22日,由农业农村部种植业管理司副司长陈友权、农业农村部种植业管理司副处长项宇、农业农村部种植业管理司秦兴国组成的产业调研组到四川省农业科学院水产研究所的技术支撑单位四川百岛湖生态农业开发有限公司稻虾基地开展调研。四川省农业农村厅种植业与农药肥料处处长刘代银、二级巡视员周南华,以及四川省农业科学院水产研究所、达州市和大竹县农业农村局等工作人员一行10多人陪同调研。

调研组一行冒雨参观了小龙虾繁育中心和稻虾养殖基地,详细听取了水产研究所和公司在大竹县建设小龙虾良繁中心、稻虾基地发展、疾病防控体系建设及申报省级小龙虾良种场等方面工作开展情况,充分肯定了2个单位在良种繁育、稻虾养殖及推广等方面取得的成就,并对大竹县小龙虾更大的生产潜力提出了希望。(调研组深入四川省广安市武胜县、岳池县,达州市大竹县实地调研)

21. 2018年3月26日，部署推动耕地质量建设工作。

农业农村部陈友权：加强耕地质量建设　实现乡村振兴

（来源：新华网）

3月26日，由农业农村部种植业管理司指导，农业部耕地质量监测保护中心、中国植物营养与肥料学会、世界亲土种植联盟联合主办，金正大集团等承办的"亲土种植、富养天下——守护亿亩良田，践行乡村振兴"大型公益行动在北京启动。农业农村部种植业管理司副司长陈友权在会上表示，要守住耕地数量红线，更要加强耕地质量建设，全面提升耕地综合生产能力，真正实现"藏粮于地"。

"万物土中生，有土斯有粮"。耕地是农业发展之要、粮食安全之基、农民立身之本。陈友权表示，长期以来，人多地少的国情使我国农业生产一直坚持高投入、高产出模式，对耕地长期高强度、超负荷的利用，质量状况堪忧，突出表现为中低产田面积大、耕地质量退化面积大、污染耕地面积大、有机质含量低、补充耕地等级低、基础地力低的"三大三低"问题。

陈友权认为，落实"谷物基本自给，口粮绝对安全"的国家粮食安全战略，满足人民日益增长的美好生活需求，必须守住18.6亿亩耕地数量红线，更要加强耕地质量建设，全面提升耕地综合生产能力，真正实现"藏粮于地"。

"耕地红线不仅是数量上的，也是质量上的。"陈友权说。农业农村部坚决贯彻落实中央决策部署，推进农业供给侧结构性改革，加强

耕地保护和质量提升……

乡村振兴，产业兴旺是重点。陈友权指出，乡村振兴战略的实施，为耕地质量保护工作指明了方向，提出了要求。我们要牢固树立新发展理念，强化绿色引领、主攻质量效益，推进改革创新，大力实施"藏粮于地、藏粮于技"战略，加大耕地质量建设力度，提升耕地质量水平，为实现乡村振兴，加快现代农业发展提供有力支撑。

陈友权表示，耕地质量建设是一项长期的任务，也是一项系统工程，需要政府、科研单位、协会、企业和农民的共同参与。"亲土种植 富养天下"公益行动重点任务是耕地质量提升，主要目的是通过主题宣传、技术示范、专家培训和专题调研等，普及土壤质量科学知识，有机肥替代化肥，病虫害绿色防控等绿色高效技术。培育新型经营主体和社会化组织，加快形成绿色生产方式，提升农业发展质量，改善农村生态环境，提高农民收入水平，助力产业兴旺、生态宜居、生活富裕。

"加强耕地质量保护与建设，功在当代，利在千秋，任重而道远，需要全社会的支持和关心。让我们同步踏上新时代耕地质量建设保护的新征程，为实现农业强、农村美、农民富的新时代农业中国梦努力奋斗"。陈友权说。

22．2013年12月11日，担任国家南繁工作领导小组成员。

农业部 海南省人民政府关于调整国家南繁工作领导小组及办公室成员的通知

（来源：中华人民共和国农业部）

各省、自治区、直辖市农业（农牧、农村经济）厅（委、局）、新疆生产建设兵团农业局、黑龙江省农垦总局，三亚市、乐东黎族自治县、陵水黎族自治县人民政府：

为进一步加强对南繁工作的领导和管理，经研究，决定对国家南繁工作领导小组及其办公室成员作如下调整。

一、国家南繁工作领导小组

组　　长：余欣荣　农业部副部长

副组长：陈志荣　海南省人民政府副省长

组成人员：

　　　　张延秋　农业部种子管理局局长

　　　　张　辉　农业部发展计划司副司长

　　　　宋　昱　农业部财务司副巡视员

　　　　石燕泉　农业部科技教育司巡视员

　　　　陈友权　农业部种植业管理司副巡视员

　　　　……

23．2013年9月6日，赴四川省调研粮油作物抗病育种工作。

农业部种植业管理司陈友权副巡视员一行到我院检查指导工作

（来源：绵阳市农业科学研究院）

9月6日下午，农业部种植业管理司陈友权副巡视员率领植保植检处李建伟处长、全国农业技术推广服务中心防治处杨普云处长一行到我院检查指导工作。四川省农业厅肖小余总经济师、四川省植保站罗林明站长、绵阳市农业科学研究院王秀全院长、罗建明副院长陪同调研。

24．2004年3月1日，在中国农业大学参加"农大108"配额计划会。

"农大108"产权保护办公室公告

（来源：大众网）

3月1日，2004年度"农大108"配额计划会在中国农业大学隆重召开，农业部科技发展中心刘平主任，全国农技推广服务中心夏敬源主任，农业部陈友权处长、陈汝明处长、马志强处长，中国农业大学孙其信副校长以及各省的种子管理站领导、60多家种子企业代表到会参加。

三、督促指导关键农时重大措施落地落实

1. 2022年10月12日，参加中国农业科学院召开小麦产业专家团启动会。

中国农业科学院成立小麦产业专家团

（来源：中国农业科学院）

10月12日，中国农业科学院召开小麦产业专家团启动会，宣布成立小麦产业专家团，探索科技支撑产业发展新机制新模式，科技助力稳产保供和乡村振兴。

农业农村部党组成员、中国农业科学院院长吴孔明出席并讲话。中国农业科学院党组书记张合成为专家团依托单位作科所授牌并颁发团长聘书。农业农村部科教司司长周云龙、种植业管理司一级巡视员陈友权，中国农业科学院党组成员、人事局局长陈华宁出席会议。副院长孙坦主持会议并介绍小麦产业专家团组建方案。

2. 2022年8月9—11日，赴四川省调研指导秋粮生产和大豆扩种工作。

农业农村部调研组来井研调研

（来源：搜狐网）

8月10日，农业农村部种植业管理司一级巡视员陈友权率调研组来井研县调研粮食生产工作。农业农村部种植业管理司干部谭施北，四川省农业农村厅一级调研员刘宇，四川省农技总站农艺师袁志

刚参加调研。乐山市人民政府副市长雷建新，市农业农村局党组书记、局长先平，井研县委书记熊建新，县委副书记王晋辉陪同调研。

调研组先后来到百里粮油走廊核心区千佛镇瓦子坝村万亩粮油示范基地、"五良"融合示范基地，察看了解当前粮食生产形势和大豆玉米带状复合种植情况，分析当前粮食生产和带状复合种植还存在的问题，听取基层干部和种植户的意见建议，帮助解决生产中实际困难……

调研组一行对井研县高度重视、高位推动、高标规划抓紧抓牢粮食生产，建设百里粮油走廊，大豆复合种植、粮油生产、粮经复合现代农业园区建设等方面的工作给予充分肯定。调研组强调，要充分利用井研资源优势，深入推进大豆振兴计划，顺势加快推进高标准农田建设，提高农田综合产能；要坚持以粮经复合现代农业园区建设为引领，探索"增、间、套、围"等复合种植模式，充分利用现有空间资源，增加粮食种植面积；要加强水稻、玉米、大豆等粮食作物的水肥管理、病虫草害防治等生产技术指导，有效提高粮食作物的产量，确保主粮不减产、大豆大丰收；要继续做好农村疫情防控工作，加强组织领导和排查管控，守好一方净土，为打造更高水平的天府粮仓贡献井研力量。

打造百里水乡　　建设天府粮仓
——农业农村部调研组到夹江县调研指导秋粮生产

（来源：夹江县人民政府）

8月10日，由农业农村部种植业管理司一级巡视员陈友权带队的调研组来到夹江县，专题调研指导秋粮生产工作。

调研组强调，要深入学习贯彻习近平总书记关于"三农"工作的重要论述，认真落实党中央国务院关于粮食生产的重要部署要求，坚决扛起粮食安全的政治责任，全力确保粮食丰产丰收。农业农村部种植业管理司干部谭施北，四川省农业农村厅二级巡视员胡强、一级调研员刘宇、农技总站农艺师袁志刚，乐山市人民政府副市长雷建新，市农业农村局党组书记、局长先平，夹江县委书记许天毅，夹江县人民政府副县长薛怀军参加调研。

初秋时节，茶坊村万亩水稻种植基地金黄的稻穗随风摇曳，呈现出丰收景象。调研组一行先后前往黄土镇茶坊村水稻种植基地调研秋粮生产，到乐天农业机械化服务专业合作社调研秋收粮食烘干储存等社会化服务。调研组认真听取了夹江县工作汇报，了解了各项强农惠农政策落实情况和秋粮生产工作开展情况，并提出了指导性意见……

调研组充分肯定了夹江县秋粮生产工作。

调研组要求：要进一步稳定粮食面积，增强粮食生产能力，加强高标准农田建设，加快完善农业基础设施，推广应用粮经复合、稻药轮作，推进农业全程机械化生产，提升粮食生产效益。要落实强农惠农政策，不断提高农民种粮积极性，促进粮食增产、农业增效、农民增收，保障粮食生产安全。（调研组深入乐山市井研县、夹江县，眉山市仁寿县实地调研）

3. 2022年7月3—6日，赴云南省调研冬油菜扩种工作。

农业农村部调研组到临翔区调研扩种冬油菜工作

（来源：临翔融媒）

为了认真贯彻落实全国扩种大豆油料工作电视电话会议和南方省份粮食生产座谈会议精神，推动国家粮油料产能提升工程落实落地，了解扩种油菜取得的成效、采取的措施、主要经验和涌现出来的典型，7月5日，农业农村部种植业管理司一级巡视员陈友权一行实地走访调研云南省临沧市临翔区扩种冬油菜工作。

调研组一行先后到博尚镇永泉村、临沧天源食品有限公司，通过召开座谈会、实地走访、听取汇报等方式，详细了解临翔区水稻—油菜轮作的潜力、产量水平、油菜品种研发、推广种植、出油率、扩种冬油菜的积极性及存在的困难问题等情况。

调研组对我区目前扩种冬油菜工作给予肯定，并指出，我国食用

油自给率仅 30% 左右，油菜是提高我国食用油自给率潜力最大的油料作物。调研组强调，党中央和国务院高度重视油料产业发展，希望油菜产业从业者树立大农业观、大食物观，同时考虑"粮""油"安全，充分认识油菜扩种这一国家战略，认真抓好各项工作。

农业农村部调研组莅临我市开展扩种冬油菜工作调研

（来源：保山农业）

7月3—4日，由农业农村部一级巡视员陈友权、云南省农业农村厅种植业与农药管理处相关负责人一行四人组成调研组，赴云南省保山市开展扩种冬油菜工作调研。

调研组先后到腾冲市界头镇张家营社区、沙坝地社区、和顺鑫菜籽油加工企业和隆阳区丙麻乡等地，深入田间地头走访油菜种植户，听取油菜产业发展情况汇报，详细了解油菜生产成本，油菜籽和菜籽油市场价格、亩平均收益、产销形势及冬闲地（田）开发利用现状；分析了当前冬油菜生产存在的问题，听取了基层干部和种植户的意见建议……

调研组对保山市油菜产业发展给予了充分肯定，并提出指导意见。下一步，保山市要坚持把扩大油料生产作为重大政治任务抓紧抓实，持续稳定油菜种植面积，在全力打造"菜油"品牌上下功夫，不

断提高产业融合效益。（调研组深入保山市腾冲市、隆阳区，临沧市凤庆县、临翔区，昆明市实地调研）

4. 2022年7月1—3日，赴四川省调研油菜扩种工作。

农业农村部种植业管理司一级巡视员陈友权来恩阳区调研油菜产业发展、冬油菜扩种工作

（来源：恩阳新闻网）

7月3日，农业农村部种植业管理司一级巡视员陈友权来恩阳区调研油菜产业发展、冬油菜扩种工作。巴中市副市长何金虎，区委副书记、代理区长何奎陪同调研。

陈友权一行前往柳林镇海山村开展调研工作，通过现场听取汇报、召开座谈会等形式，详细了解恩阳区油菜产业发展、冬油菜扩种等基本情况，对恩阳区发展油菜种植相关工作给予了充分的肯定。陈友权指出，要强化面积落实，根据省、市油菜和扩种任务，将任务落实到镇（街道）、不折不扣落实到户，充分利用冬季田土、田埂增种油菜，确保油菜扩种和生产任务全面完成；要强化示范带动，以耕地轮作为抓手，以国家油菜产业技术体系为依托，积极扩建扩种油菜示范区，有力带动恩阳区油菜产业发展和扩种工作的开展；要继续大力发展优质高效油菜种植和备种工作，切实保障粮油安全，粮油种植提质增效，确保今年粮油再获丰收。

农业农村部来渠调研扩种冬油菜工作　王飞陪同

（来源：渠县融媒体中心）

7月2日，农业农村部种植业管理司一级巡视员陈友权来渠开展扩种冬油菜工作调研。四川省农业农村厅二级巡视员王犁田，达州市副市长张杰参加调研，渠县县委副书记、县长王飞陪同调研。

在王飞的陪同下，调研组一行先后前往合力镇高拱村和有庆现代农业园区，实地查看大豆、玉米带状复合种植情况和优质稻种植示范片粮油作物生长情况。

在听取渠县关于大豆、玉米生产形势及扩种冬油菜的情况后，调研组认为，渠县作为农业大县，在保障国家粮食安全中贡献了应有的力量，通过发展种植规模、开展技术培训、加强高标准农田建设等措施提高粮食单产，鼓励渠县适度规模经营，建立长效监管机制避免撂荒地，促进农民增收、助推乡村振兴。（调研组深入达州市大竹县、渠县，巴中市平昌县、恩阳区实地调研）

5. 2022年6月28日—7月1日，赴重庆市调研油菜扩种工作。

农业农村部调研组赴重庆市专题调研指导冬油菜扩种

（来源：重庆农业农村信息网）

为提高油料自给率，2022—2023年全国将继续扩种冬油菜1000万亩，为确保任务落实，农业农村部派出5个调研组赴冬油菜主产省市开展调研指导。6月28日—7月1日，第三调研组由农业农村部种植业管理司一级巡视员陈友权率有关专家到重庆市，重庆市农业农村委袁德胜副主任、柏在耀二级巡视员等领导陪同实地调研永川区、垫江县、开州区。

调研组在永川区双石镇查看了当地大豆玉米带状复合种植示范现场的长势，询问了全市该模式推广落实情况，存在的技术难点和问题。其后召开冬油菜扩种座谈会，听取了当地和规模化经营主体对扩种冬油菜的情况汇报。

随后调研组赴开州赵家街道国家油菜绿色革命科技行动示范基地，查看当地基础设施建设和在土作物情况，现场调研大户扩种冬油菜积极性。在竹溪镇，调研组了解了采取稻油轮模式的合作社农机装备、加工设备和品牌打造情况，重点询问合作社带动农户规模化生产油菜和利益联结机制，参观了7D高品质菜籽油产地绿色高效加工生产线。其后召集开州区委、区政府、重庆三峡农业科学院相关领导和专家，以及开州区农业农村委、乡镇农技人员、规模种植户、企业代表参加座谈，了解品种、技术集成等问题。

在垫江县，调研组到沙坪镇重庆市农业科学院、中一种业公司油菜制种基地、种子储备库和加工中心参观。了解了本地企业围绕高含油率油菜和抗根肿病油菜等突破性品种研发情况。垫江作为国家级制种基地县、市级良种繁育基地县，对支持良种基地建设、确保供种充足等情况进行了汇报。

7月1日上午，调研组在市农业农村委召开座谈会，进一步就重庆市油菜扩种需要财政和统计等部门的支持与相关部门进行沟通交流。

陈友权一级巡视员对近年重庆市高位推动、整合资源扩大冬油菜种植规模所做的工作表示肯定。他要求重庆市各级各部门继续按照中央要求，全力提高食用油自给率，千方百计确保完成2022—2023年冬油菜扩种任务。

农业农村部种植业管理司一级巡视员陈友权一行莅垫调研

（来源：垫江县人民政府）

6月30日，农业农村部种植业管理司一级巡视员陈友权一行莅垫调研。重庆市农业农村委员会副主任袁德胜，垫江县委副书记、县长张涛，县委副书记何文武，副县长李小莉参加相关活动。

当天，陈友权一行前往沙坪镇，就重庆市农业科学院（重庆中一种业有限公司）冬油菜科研基地开展了实地调研。座谈会上，听取了垫江县冬油菜扩种工作有关情况汇报。参会人员作交流发言。

陈友权对垫江县油菜生产工作给予充分肯定。他指出，垫江县冬油菜种植基础良好、保障措施得力、服务机制健全，值得深入总结和推广经验。他强调，党中央高度重视油料产业发展，要多方面挖掘油菜扩种空间。加快冬闲田开发利用，加大撂荒地整治力度，推动油菜生产"挖潜、扩面、增量"。要千方百计提高油菜扩种积极性。做好项目和资金管理，实施高标准农田建设，深入完善基础设施，解决农机下地问题；推广规模经营，延伸产业链条，促进农业增效、农民增收。要加强部门协作与配合。切实压实工作责任，强化保障措施，加强统筹协调，完善落实机制，确保油菜种植面积和产量持续增长。

农业农村部到开州区调研指导冬油菜扩种工作

（来源：重庆农业技术推广信息网）

6月29日下午，农业农村部种植业管理司一级巡视员陈友权一行到开州区调研冬油菜扩种工作，重庆市农业农村委员会、开州区委、区人民政府等相关领导陪同调研。

陈友权一行到开州后不辞辛劳，不惧酷暑，14:00就到赵家街道开竹村国家油菜"绿色革命"科技行动示范基地，查看当地耕作条件、田间水稻长势情况，向种油大户陈流江详细询问水稻—油菜轮作的潜力、生产成本、产量水平、存在的问题，以及扩种冬油菜的积极性。赵家街道党委书记刘海波向陈友权一行汇报了街道办优质粮油产业发展情况和采取的主要措施，陈友权一行边听边问边记，并对地方政府重油抓油进行了肯定，积极鼓励种油大户陈流江今年一定要多种油菜，种好油菜，为国家扩种冬油菜做出积极贡献。

在调研完示范基地，陈友权一行又来到开州区开竹粮油种植股份合作社，了解合作社稻油种植农机装备情况、稻油加工和品牌建设情况，合作社与农民利益联结情况，参观了合作社7D高品质菜籽油产地绿色高效加工生产线，对合作社一头联结农民，一头联结市场，产加销一体带动农民增产增收给予了高度赞扬。

随后，陈友权一行回到住地，召开了开州区油菜产业发展情况及扩种潜力座谈交流会，市农业农村委、开州区委、区人民政府相关领导，重庆三峡农业科学院相关领导和油菜专家，开州区农业农村委相关领导和科室站所，乡镇农技员、种植大户、加工企业代表等参加了座谈交流。会上，受开州区委区政府委托，区农业农村委汇报了开州区粮油产业发展情况，三峡农业科学院等相关专家就当前油菜品种选育、技术集成、主要问题和建议等进行了汇报，与会人员积极发言，现场气氛热烈。

最后，陈友权巡视员对扩种冬油菜提出了指导意见，陈友权指出，当前油菜扩种有潜力，有空间。但油菜种植效益很低，要从多方面提高油菜生产效益，提高农民种植积极性。一是基础设施要投入，改善耕作条件。二是要对生产者给予投入，进行生产者补贴。三是要强化科技支撑。四是要推进适度规模经营。五是延伸产业链条，推进综合利用。（调研组深入永川区、开州区、垫江县实地调研）

6.2022年6月8日，赴河北省调研"三夏"生产工作。

农业农村部"三夏"调研指导组来宁调研"三夏"机收和夏种夏管工作

（来源：搜狐网）

6月8日，农业农村部种植业管理司一级巡视员陈友权带领"三夏"调研指导组到邢台市宁晋县调研"三夏"机收和夏种夏管工作。河北省农业农村厅二级巡视员、种植业处处长李联习，省农机局局长戎美瑞，邢台市农业农村局党组书记邱海飚，宁晋县委书记王涛，县长刘志奇，县委副书记石克栋，副县长郭志红陪同调研。

陈友权一行先后来到婴泊种业公司、兆远合作社、北楼下村、青银高速宁晋口等地，详细了解了宁晋县小麦种子研繁、小麦机收、"土里捂"小麦生长、联合收割机通行保畅等情况，听取了宁晋县"三夏"农业生产情况汇报。

陈友权首先对宁晋县"三夏"农业生产工作给予充分肯定。他指出，要深入学习贯彻习近平总书记关于保障国家粮食安全系列重要指示精神，抢抓有利天气，科学组织收割，加大农机投入力度，促进机收减损降耗，确保夏粮丰产增收、颗粒归仓。要统筹做好疫情防控和"三夏"生产工作，切实做好跨区作业服务保障，落实包联制度，开设绿色通道，确保道路畅通，以精准保障为跨区作业农机手提供暖心服务。要切实提升为农服务效率和水平，充分发挥合作社、土地托管服务协会作用，为粮食生产提供全要素、全流程保障，确保各项工作顺利开展。要以全国农业科技现代化先行县共建为载体，充分发挥科研院所技术优势，持续推进小麦育种、抗旱作物研究等工作，藏粮于地、藏粮于技，全面提升农业现代化、科技化水平，以更加优异的成绩迎接党的二十大胜利召开。

7. 2022年5月30日—6月1日，赴河南省调研"三夏"生产工作。

农业农村部督导组到新郑调研"三夏"生产工作

（来源：新郑市人民政府）

6月1日上午，农业农村部种植业管理司一级巡视员陈友权带领督导组到新郑调研"三夏"生产工作。河南省农业农村厅副厅长赵耕、方旭及新郑市领导马志峰、李峰等陪同调研。

督导组一行深入田间地头、

小麦机收现场，先后实地察看了新郑市农机跨区作业接待服务、机收减损"大比武"活动、观音寺镇"蓝天卫士"实时监控系统平台运行情况。每到一处，督导组详细询问夏粮生产、麦收进度、秋粮种植及秸秆禁烧工作，了解"三夏"疫情防控工作开展情况。

农业农村部一级巡视员陈友权到我县指导"三夏"小麦机收工作

（来源：商水县人民政府）

5月31日下午，农业农村部种植业管理司一级巡视员陈友权一行到商水县指导"三夏"小麦机收工作。河南省农业农村厅党组成员、副厅长赵耕，河南省土壤肥料站站长刘灿华，河南省农技推广站副站长毛凤梧，周口市领导李锡勇，商水县领导沈宗祥、胡军华及相关部门主要负责人随同。

在商水县高标准农田，陈友权现场查看了种植小麦的品种及长势，深入了解夏粮收获形势，仔细询问农机农具配套等相关情况……

通过现场查看，陈友权对商水县"三夏"工作给予充分肯定。他强调，当前"三夏"工作要突出抓好抢收抢种，精心组织机收、机播，加强信息引导，搞好农机调度，做到"麦熟有机收，机到有活干"，确保夏粮颗粒归仓，秋粮种足种满。

农业农村部到我县调研"三夏"小麦机收工作

（来源：沈丘县人民政府）

5月31日，农业农村部种植业管理司一级巡视员陈友权，河南省农业农村厅副厅长赵耕，河南省土壤肥料站站长刘灿华，河南省农技推广站副站长毛凤梧一行到沈丘县调研"三夏"小麦机收工作。沈丘县委副书记丁永华，县委常委、政法委书记严坤，县政府党组成员、县产业集聚区管委会副主任郭辉陪同调研。

调研组一行先后到周营镇孔营行政村旺蔬蓬农民专业合作社、周营镇孟寨行政村等地，详细了解小麦机收进度、小麦产量、小麦质量品质。

调研组对我县"三夏"小麦生产给予了充分肯定，同时指出，要

坚持不懈抓好小麦机收,做到粮食一天不收获,技术指导一天不放松,努力夺取夏粮丰产丰收。要继续加强重大病虫监测,实施好"一喷三防"项目,以统防统治带动群防群治,最大程度降低病虫危害;要抓住小麦灌浆期这一产量形成的关键期,增强灌浆强度、增加粒重,提高小麦产量,切实保障小麦及时平稳收获,确保小麦颗粒归仓,确保"三夏"生产安全有序进行。

农业农村部"三夏"机收指导组到漯河市召陵区调研

(来源:河南省农机中心)

5月31日,农业农村部农业机械化管理司司长冀名峰、种植业管理司一级巡视员陈友权等一行8人到漯河市召陵区调研,河南省农业农村厅党组成员、副厅长赵耕,河南省农业农村厅党组成员、农业机械中心主任凌中南,漯河市委常委、统战部长乔彦强,漯河市农业机械技术中心书记孟新建、主任史有来,召陵区区长史耀星陪同。(调研组深入河南省漯河市召陵区,周口市商水县、沈丘县,郑州市新郑市实地调研)

8. 2021年9月12—14日,赴云南省调研秋粮生产及秋冬种工作。

农业农村部调研组到师宗县调研秋粮及秋冬种工作

(来源:云南网曲靖频道)

9月13日下午,农业农村部种植业管理司一级巡视员陈友权率调研组到云南省曲靖市师宗县调研秋粮及秋冬种工作。

调研组一行来到竹基镇龙甸村委会和大同街道芦柴冲村委会芦柴冲村,通过实地察看、听取汇报等方式,详细了解水稻种植、玉米生产等秋粮及秋冬种工作情况,并针对秋冬种生产中存在的困难和问题,提出了指导性意见。

随后,在师宗县文化馆二楼会议室召开秋粮及秋冬种工作座谈会,师宗县委副书记韩寅燕汇报了师宗县秋粮及秋冬种工作开展情况,与会人员就秋粮及秋冬种生产存在的问题及下一步工作计划进行交流探讨。

座谈会上,调研组充分肯定了师宗县秋粮及秋冬种生产工作,要求各级各部门要紧紧围绕农业增产和农民增收两大目标,进一步稳定粮食面积,明确目标任务,强化科技支撑和人才支持,借助国家农机购置补贴等一系列强农惠农政策,扎实推进农技推广,强化农业技术指导,助推农业机械化高质高效发展。要深化服务体系建设,积极培育以农机专业户为基础,农机合作社为龙头的农机社会化服务组织,加大资金、项目等扶持力度,推动农机单一服务向耕种收综合机械化服务转变。要积极开发扩种油菜,以全产业链思维谋划油菜产业发展,推进油菜花观赏与生态旅游相结合,实现一二三产业融合发展,助推乡村振兴。要充分挖掘油菜潜力,加强科技攻关,着力提高单产

和单位面积产油量,综合施策,保障国家食用油供给安全。

全国农业技术推广服务中心经作处副处长陈常兵,种植业管理司综合处副处长高亚男,云南省农业农村厅二级巡视员晏铃,省农药检定所所长屈天尧,曲靖市农业农村局副局长晏玉泉,师宗县副县长郭华明等领导,以及县农业农村局、大同街道、竹基镇、云南德瑞油脂有限公司相关人员参加调研或座谈。

农业农村部到罗平县调研秋粮及秋冬种生产工作

(来源:罗平县人民政府)

9月13日,农业农村部种植业管理司一级巡视员陈友权率调研组到罗平县调研秋粮及秋冬种生产工作。

调研组先后来到青贮玉米种植基地、罗平金丰油脂有限公司,查看秋粮及油菜生产工作现场,与负责人详细交流。了解了各项强农惠农政策落实情况和秋粮及秋冬种生产工作开展情况,并针对秋冬种生产中存在的困难和问题,提出了指导性意见。随后召开座谈。

座谈会上,调研组充分肯定了罗平县秋粮及秋冬种生产工作,要求各级各部门要进一步稳定粮食面积,明确目标任务;要扎实推进农技推广,强化农业技术指导助农增收;要积极开发扩种油菜,充分挖掘潜力,加强科技攻关,着力提高单产和单位面积产油量,综合施策保障国家食用油供给安全;要推广粮经复合,提高种粮效益,落实惠

民扶持政策，提高农户种粮积极性，保障粮食生产安全，促进罗平粮油生产再上新台阶。

会上，副县长陈朝阳就罗平县秋粮及秋冬生产情况进行汇报；参会企业就生产工作情况作了汇报。

全国农业技术推广服务中心经作处副处长陈常兵，种植业管理司综合处副处长高亚男，云南省农业农村厅二级巡视员晏玲，省农药检定所所长屈天尧，曲靖市农业农村局副局长晏玉泉，罗平县副县长陈朝阳等领导，以及罗平县农业农村局等有关同志参加调研。

9. 2021年9月8—11日，赴四川省调研秋粮生产及秋冬种工作。

农业农村部来我市调研秋粮及秋冬种生产

（来源：宜宾市农业农村局）

2021年9月11日，农业农村部种植业管理司一级巡视员陈友权、四川省农业农村厅二级巡视员周南华一行来宜宾市调研秋粮及秋冬种生产，调研组考察了晚秋生产现场，走访了基层干部群众。宜宾市政协副主席马利春、市政府办一级调研员李亚、市农业农村局局长罗世俊，翠屏区区长张林等陪同调研。

在翠屏区李端镇其林村、李庄镇安石村，调研组实地了解再生稻高产高效示范片和"酒香渔美"稻渔耦合示范基地，并针对秋冬种生产和种养结合产业经营中存在的困难和问题提出了指导意见。通过实地走访和召开院坝座谈会，与粮油种植大户、村社干部和农民合作社进行了深入交流，了解秋粮产量、市场行情，以及土地流转、社会化服务、人工投入和农资等成本收益情况，宣贯了中央、省委惠农强农政策措施，为基层干部群众发展好粮油产业，抓好秋冬种生产工作打气鼓劲。

同时，调研组对宜宾市秋粮及秋冬种工作给予了充分肯定。陈友权强调，各级党委政府和农业农村部门一定要坚定信心，贯彻落实好

国家轮作休耕等政策措施,明确发展目标,因地制宜抓好粮食、油菜籽扩种增产,进一步强化技术指导,抓好高产高效示范,助力粮油生产和农民增收,在新形势下确保农业生产安全和粮食、油料等农产品供给安全。

农业农村部调研泸县秋粮及秋冬种生产

(来源:泸县人民政府)

9月11日,农业农村部种植业管理司一级巡视员陈友权率队调研泸县秋粮及秋冬种生产。四川省农业农村厅副厅长陈孟坤、泸州市政府副秘书长刘中贵、泸州市农业农村局局长周洪华、泸县县委副书记吕先陪同调研。

调研组一行来到潮河镇五谷寺村再生稻高产示范片,现场查看田间再生稻长势情况,认真听取了泸县狠抓中稻+再生稻高产攻关采取的创新举措及主要成效的汇报;随后,调研组到泸县高粱+油菜现代农业园区实地考察,详细了解了园区的建设、打造情况,并与部分粮油种植大户围坐一起、亲切交谈,仔细询问在种植生产过程中遇到的困难和问题,鼓励种粮大户要坚定信心、响应号召、科学种植,确保粮食丰产丰收。

调研组对泸县粮油生产情况给予了充分肯定,认为泸县发展订单农业增效、建立示范基地提质、依托项目建设扩面等一系列做法成效显著,有力地带动了农民增产增收,促进了全县粮油产业高质量发展,为保障全国粮食安全贡献了泸县力量。

农业农村部调研组赴简阳市调研秋粮及秋冬种生产工作

(来源:四川省农业农村厅)

9月9日,农业农村部种植业管理司一级巡视员陈友权率调研组来到简阳市调研秋粮及秋冬种生产工作。四川省农业农村厅副厅长陈孟坤等领导陪同调研。

据悉,调研组先后来到简阳市青龙镇稻香种养家庭农场和水稻优良新品种推广示范基地,深入了解简阳市各项强农惠农政策落实情况和秋粮及秋冬种生产工作开展情况,并与种粮大户进行座谈,针对秋冬种生产中存在的困难和问题,提出了指导性意见……

调研组一行充分肯定了简阳市秋粮及秋冬种生产工作,要求各级各部门要进一步稳定粮食面积,明确目标任务;强化技术指导,深化农技推广;做好试验示范,助力粮食生产;推广粮经复合,提高种粮效益;落实惠民扶持政策,提高农户种粮积极性,保障粮食生产安

全,促进粮油生产再上新台阶。(调研组深入成都市简阳市、资阳市乐至县、泸州市泸县、宜宾市翠屏区实地调研)

10. 2021年3月21—23日,赴广西壮族自治区调研春耕备耕工作。

农业农村部一级巡视员陈友权一行到灵川县调研春耕备耕情况

(来源:广西壮族自治区农业农村厅)

2021年3月23日,农业农村部一级巡视员陈友权一行和广西壮族自治区农业农村厅、桂林市农业农村局陪同人员共10人,到灵川县开展春耕备耕情况调研。

调研组实地查看了三街镇龙坪村委1200亩稻薯花轮作种植示范基地、灵田镇四联村委北山村200亩退果还粮基地和正义村委豪底村130亩"马铃薯+水稻+大豆"种植示范基地的情况。

调研组充分肯定了灵川县春耕备耕工作,对取得的成绩给予了较高评价。调研组负责人指出,灵川县能够因地制宜,以示范基地为依托,大力发展优势特色产业,着力打造区域品牌,助力春耕备耕,效果显著。扎实做好春耕备耕和示范基地建设工作,同乡村振兴有效衔接,为稳定粮食生产、保障粮食安全提供了坚实保障。

农业农村部种植业管理司一级巡视员陈友权一行到兴安县调研

(来源:广西壮族自治区农业农村厅)

3月23日上午,农业农村部种植业管理司一级巡视员陈友权带领调研指导组和广西壮族自治区农业农村厅、桂林市农业农村局陪同人员共10人到兴安县开展早稻生产和冬闲田扩种油菜调研指导工作。

调研组先后到溶江镇车田村退林还粮示范点、兴安镇冠山村水稻"单改双"全程机械化生产示范片以及崔家乡全新农机专业合作社早稻育秧大棚、春马铃薯种植示范点及冬闲田扩种油菜示范片,详细了解兴安县冬闲田油菜种植、早稻生产及春耕备耕情况。

调研组充分肯定了兴安县冬闲田种植绿肥和春耕备耕工作,并指

出要压实"米袋子"责任,统筹协调抢抓粮食生产"黄金时期",不误农时开展春耕备耕,扎实有序推进早稻生产工作。

广西壮族自治区农业农村厅一级巡视员梁雄、桂林市农业农村局党组书记蔡立奎、兴安县领导黄小桂及相关部门负责人陪同调研。

农业农村部种植业管理司到桂林调研指导早稻生产和冬闲田扩种油菜

(来源:广西壮族自治区农业农村厅)

3月22—24日,农业农村部陈友权一级巡视员到桂林市开展早稻生产和冬闲田扩种油菜调研指导工作。

调研组一行先后到兴安县、灵川县开展实地调研指导,深入田间地头、育秧车间、加工厂房,了解春耕备耕和冬闲田扩种油菜情况……

调研组一行充分肯定了桂林市春耕备耕及冬闲田开发利用方面所做出的成绩,并指出桂林市要按照中央要求抓好粮食生产,在完成任务的同时,实现"藏粮于地、藏粮于技",打造粮食品牌,努力提高种粮效益。广西壮族自治区农业农村厅梁雄一级巡视员、桂林市农业农村局蔡立圭局长及相关人员陪同调研。

农业农村部种植业管理司指导组到广西蚕桑试验示范技术基地考察调研

(来源:广西壮族自治区农业农村厅)

3月21日上午,农业农村部种植业管理司一级巡视员陈友权带领指导组到广西蚕桑试验示范技术基地调研指导。广西壮族自治区农业农村厅一级巡视员梁雄、种植业管理处负责人一同调研。

指导组听取了广西蚕业技术推广站负责人汇报基地建设发展、蚕桑系列品种选育及综合开发产品、亚热带蚕种资源收集保护与创新成果等方面的情况,参观了基地养蚕室、人工饲料养蚕示范点,实地考察了桑园种植管理情况。

陈友权对广西蚕桑试验示范技术基地的建设给予赞许,充分肯定

基地在广西蚕桑产业转型升级进程中所起到的重要推动作用,并针对基地蚕桑生产工作以及广西蚕桑产业的发展提出了建设性意见与建议。

11. 2021年2月21—25日,赴河南省调研春季麦田管理工作。

农业农村部种植业管理司领导陈友权到安阳县调研春季麦田管理工作

（来源：安阳市人民政府）

2月25日上午,农业农村部种植业管理司一级巡视员陈友权一行在河南省农业农村厅副厅长王俊忠、河南省农业技术推广总站副站长毛凤梧、河南省植保植检站站长李好海、安阳市农业农村局副局长邢兰敏等陪同下,到安阳县瓦店乡高标准粮田示范区调研春季麦田管理工作。

调研组一行听取了安阳县春季麦田管理工作的汇报,详细查看了地里的小麦生长情况,向当地技术人员询问了当前小麦苗情、墒情、麦田管理进度、植保专业化服务、农药、化肥减量使用、技术人员下乡指导等情况,并与种粮大户进行了交谈。

陈友权对安阳县春季麦田管理采取的措施给予充分肯定,他强调,安阳县要继续大力发展优质高效小麦种植和订单生产,切实保障粮食安全,粮食种植提质增效,确保今年粮食再获丰收。

农业农村部领导赴河南省西平县开展小麦春季田管督导工作

（来源：西平县人民政府）

2021年2月24日,农业农村部种植业管理司一级巡视员陈友权、河南省农业技术推广总站副站长毛凤梧、农业农业村部种植业管理司粮油处四级调研员张振、农业农村部种植业管理司农药处三级主任科员林子丽一行来到河南省西平县开展小麦春季田间管理督导工作。河南省农业农村厅副厅长王俊忠、河南省农业农村厅粮食作物处

处长魏国强、河南省植物保护植物检疫站站长李好海、驻马店市政府副市长刘晓文、驻马店市农业农村局局长闫峰、二级调研员冯绍武、西平县委书记聂晓光、副书记管保臣、副县长陈金辉、西平县农业农村局局长刘卫松及相关股室农业技术人员参加本次督导工作。

农业农村部督导组首先来到西平县二郎镇高标准农田示范基地。督导组最关心的小麦苗情、墒情、病虫情等情况……

督导组进一步询问春耕备耕工作进展情况，存在问题及对策……

"全国小麦看河南，优质小麦在西平"陈友权高度肯定了"西平小麦"取得的成绩……

随后，督导组一行又来到正在建设中的西平县老王坡10万亩高标准农田基地。县委书记聂晓光再次表示欢迎督导组一行来西平督导春季田管工作，再次感谢督导组对西平农业农村工作提出的宝贵意见。

农业农村部到正阳县调研小麦田间管理

（来源：驻马店市人民政府）

近日，农业农村部种植业管理司一级巡视员陈友权一行到正阳县调研小麦田间管理工作。河南省农业农村厅副厅长王俊忠及正阳县领导刘艳丽、王东征、赵向阳、黄翠萍、左艳荣陪同。

调研组首先深入熊寨镇王大塘种植基地，到田间地头实地查看，了解今年小麦的播种、苗情、墒情、生产投入及田间管理等情况，并听取了正阳县麦田管理工作汇报。调研组对正阳县麦田管理工作给予了充分肯定。针对当前苗情，调研组的专家提出了很好的建议，要求进一步做好田间生产调查，因地制宜，分类管理，为夏粮丰产丰收打下基础。

随后调研组又先后深入到花生天地、君乐宝乳业、花生机械制造产业园等地调研该县花生产业发展……

陈友权在调研中，对正阳县的现代农业发展给予了高度评价。他希望正阳县要持续当前好状态、好局面、好势头，加快农业供给侧结构性改革，推进农村一二三产业融合发展，让农业更强、农民更富、农村更美。

农业农村部领导到泌阳县督导小麦春季田间管理工作

（来源：驻马店市人民政府）

2月23日，农业农村部种植业管理司一级巡视员陈友权，河南省农业技术推广总站副站长毛凤梧，农业农村部种植业管理司粮油处四级调研员张振、农药处三级主任科员林子丽等组成的调研组一行到泌阳县督导小麦春季田间管理工作，同时调研小麦苗情、墒情和病虫害发生情况。河南省农业农村厅副厅长王俊忠、粮食作物处处长魏国强，河南省植物保护植物检疫站站长李好海，驻马店市政府副市长刘晓文、市农业农村局局长闫峰、二级调研员冯绍武、科长曾勇、市植保站副站长刘德坡、农技站副站长胡国安、市政府办公室周帆，泌阳县人民政府县长魏华伟、副书记郭洪波、副县长刘广华等陪同调研。

陈友权一行，先后来到泌阳县泌水街道小岗村、赊湾镇董岗村在泌阳县农业农村局的试验麦田中，陈友权一行亲自下到田间，拔出麦苗，仔细查看了小麦叶龄、分蘖和次生根生长及土壤墒情、病虫害发生情况，并听取了县政府领导的汇报和农业农村局专家的介绍。

陈友权一行对泌阳县小麦春管措施进行了充分肯定，对泌阳小麦生长情况表示满意，同时指示，小麦生长期较长，遭遇不良气象因素影响大，麦田病虫害发生频繁，小麦生产减灾防灾任务繁重，要科学应对，及早落实防范措施，在建党100周年和"十四五"开局之年，夺取小麦丰产丰收。

农业农村部领导视察泌阳夏南牛科技文化展馆

（来源：映象网·河南人客户端）

农业农村部种植业管理司一级巡视员陈友权、河南省农业技术推广总站副站长毛凤梧、农业农村部种植业管理司粮油处四级调研员张振、农药处三级主任科员林子丽一行到泌阳督导工作，并视察夏南牛科技文化展馆。河南省农业农村厅副厅长王俊忠、泌阳县人民政府县长魏华伟等多名省、市、县领导陪同。

陈友权一行听取了泌阳县农业农村局局长赵太宽对夏南牛展馆进行的简要汇报，随后在展馆工作人员引导下，逐个展厅、板块视察了展馆内容……

农业农村部指导组到南阳市指导春季麦田管理工作

（来源：中国农业信息网）

雨水已过，气温回升，南阳市小麦进入返青拔节期，正是春季管理的关键时期。2月22—23日，农业农村部种植业管理司一级巡视员陈友权带领种植业管理司粮油处张振、农药处林子丽等一行4人，在河南省农业农村厅副厅长王俊忠、粮食作物处处长魏国强，河南省植物保护植物检疫站站长李好海，南阳市副市长李鹏、市农业农村局局长王宛楠等陪同下，深入淅川县、邓州市督导春季麦田管理工作。淅川县委县政府、邓州市委市政府主要领导向督导组汇报了春季麦田管理工作开展情况。

督导组深入田间地头查苗情、查墒情、查病虫情，指导开展春季田间管理，推动落实抗旱保苗措施。督导组对南阳市麦田管理工作给以充分肯定，开春以来，南阳市积极落实全国、全省春季田管暨春耕备耕工作视频会议精神，抓住有利天气开展抗旱浇麦、春季麦田化学除草工作，并做好麦蜘蛛、纹枯病、蚜虫防治，及时扑灭早春条锈病病点，小麦苗情好于常年同期，为今年的小麦丰收奠定了基础。

通过实地查看和听取汇报，陈友权对南阳市小麦条锈病冬前查治工作予以充分肯定。他强调，小麦条锈病是我国一类农作物病害，是大区域流行性病害。南阳位于我国南北方地理分界线秦岭—淮河一线，处于南北气候过渡地带，是我国小麦条锈病重要的冬繁区和春季流行区，是春季小麦条锈病从冬繁区向黄淮海小麦主产区传播蔓延的重要关口。2020年11月28日，南阳市淅川县率先发现冬前小麦条锈病发病中心后，各县区积极开展普查，及时扑灭发病中心，把条锈病控制在萌芽状态，为控制条锈病春季流行减轻了压力。

陈友权强调，当前正值小麦生长的关键阶段，各级各部门要提高认识，强化防控措施，加强技术指导与宣传服务，坚持统防统治与群防群治相结合，做到防控全覆盖，坚决守好河南条锈病防控工作的"南大门"。要持续加大监测力度，全面掌握小麦条锈病病情动态，全力以赴做好防控工作。要加大防控资金投入力度，发挥好专业化统防统治力量，确保应防尽防，坚决把小麦条锈病的危害降到最低。要广泛宣传，提高群众防控意识，积极发动群众做好防控工作，提高防控效果，确保夏粮丰产丰收。

农业农村部领导莅临淅川督导调研春季麦田管理工作

（来源：淅川县农业农村局）

2月21日下午，农业农村部种植业管理司一级巡视员陈友权一行莅临淅川县，督导调研春季麦田管理工作。南阳市领导李鹏、淅川县领导卢捍卫等陪同。

陈友权一行先后到上集镇下张沟村、马蹬镇周营村等地，深入田间地头查看小麦长势及病虫害发生防治情况，听取了省、市、县相关负责同志关于春季麦田管理工作和后期工作安排汇报。

通过实地查看和听取汇报，陈友权对淅川县春季麦田管理工作表示满意，尤其是对小麦条锈病前期防治工作给予了充分肯定。他指出，当前正值小麦生长的关键阶段，各级各部门要提高认识，加强技术指导与宣传服务，做好春季麦田管理工作，抓紧开展麦田除草及小麦条锈病、纹枯病、麦蜘蛛等病虫害防治工作。他强调，小麦条锈病，不仅危害性大，又"可防不可治"，所以加强防控工作非常重要，而南阳处于南北气候过渡地带，是我国重要的小麦条锈病冬繁区和春季流

行区，是河南省防控条锈病的南大门，所以一定要坚持统防统治与群防群治相结合，做到防控全覆盖，坚决守好河南条锈病防控工作的"南大门"。确保应防尽防，坚决把小麦条锈病的危害降到最低。要广泛宣传，提高群众防控意识，积极发动群众做好防控工作，提高防控效果，确保夏粮丰产丰收。（调研组深入南阳市淅川县、邓州市，驻马店市泌阳县、正阳县、西平县，安阳市安阳县实地调研）

12. 2020年3月15—16日，赴福建省调研春耕生产工作。

农业农村部工作组到龙海调研指导春季农业生产工作

（来源：漳州市人民政府）

3月16日上午，农业农村部种植业管理司一级巡视员陈友权、粮油处副处长刘武、福建省农业农村厅种植业处二级调研员翁定河一行赴龙海调研指导春季农业生产工作。陈友权一行先后来到海澄镇集中育秧基地、龙海市忠雄农机专业合作社、龙海市旺辉果蔬生产专业合作社，详细了解项目建设、种植管理、发展模式、增产增收情况，对春耕备耕工作早动手、早谋划、早落实给予了充分肯定。

调研中，陈友权指出，要深入贯彻落实习近平总书记对春季农业生产工作的重要指示精神，不误农时全力抓好春季农业生产各项工

作，有效推进各项政策措施落实落地，为全年农业增产、农业增效、农民增收奠定坚实基础，努力实现疫情防控、农业生产两手抓、两不误。

漳州市副市长谢毅泰、龙海市副市长黄全海陪同调研。

农业农村部调研组到漳浦县指导春耕生产工作

（来源：漳浦新闻网）

3月15日，农业农村部种植业管理司一级巡视员陈友权带队到漳浦县调研指导春耕生产工作。

调研组一行到赤湖镇乌墩温室育苗中心、德立信蔬菜基地等地，调研春耕生产情况……调研组肯定了漳浦县的春耕生产工作成效，并提出了指导性意见。县委常委戴文利陪同调研。

13. 2020年3月12—14日，赴广东省调研春耕备耕工作。

农业农村部组织调研组来我市调研春耕备耕情况
确保粮食生产供应稳定

（来源：云浮市人民政府）

3月14日，农业农村部种植业管理司一级巡视员陈友权率调研组一行来云浮市调研春耕备耕情况。广东省农业农村厅副厅长冯彤，云浮市委常委、政法委书记黄天生陪同调研。

陈友权一行先后来到粤港澳大湾区"菜篮子"产品云浮配送中心、云城区腰古镇腰古村委云朵村、长官村等地，调研复耕复垦、产业扶贫、春耕备耕、早稻生产有关情况。在随后召开的座谈会上，调研组听取云浮市春耕生产有关工作情况。陈友权充分肯定云浮市推动复耕复产、发展产业扶贫取得的成效，强调要按照党中央、国务院的部署要求，切实抓好春耕备耕工作，扩大粮食种植面积，确保粮食生产供应稳定；要推动休耕土地复耕，提升农村耕地利用率，不折不扣落实国家的农业扶持政策；要提升农业种植的机械化、技术化水平，降低农户种植成本，提升产品附加值，推动农民增产增收。

农业农村部指导组到我市调研春耕生产
肯定江门做法为全国提供示范和借鉴

（来源：江门市人民政府）

昨天（3月13日），由农业农村部种植业管理司一级巡视员陈友权带领的春耕生产调研工作指导组到江门市调研。广东省农业农村厅副厅长冯彤陪同调研，江门市领导王长青参加春耕生产调研工作座谈会。

在台山中国农业公园万亩水稻高产示范片，指导组深入了解办田、育秧、插秧等进度，与当地农户、合作社展开交谈，从农资、农机准备、农村劳力、农业社会化服务等方面，了解当前春耕生产推进情况……

陈友权充分肯定江门各级政府重视粮食生产，春耕生产抓早抓好，早造面积有效扩大4.8万亩，完成早造生产任务措施扎实；贯彻落实国家粮食生产保险、地力补贴，农机购置富有成效，调动农户生产积极性；保证粮食高产稳产，推进高效绿色发展，创建粮食品牌，增加粮食经济效益。这些做法为全国提供了很好的示范和借鉴，创造出珠三角地区稳定粮食生产成功经验。

农业农村部指导组到我市调研春耕生产

（来源：台山市人民政府）

3月13日，农业农村部种植业管理司一级巡视员陈友权带领春耕生产调研工作指导组到台山市调研。广东省农业农村厅副厅长冯彤、江门市副市长王长青、台山市副市长方健康参加调研。

陈友权一行来到都斛万亩优质水稻高产示范片，实地察看办田、插秧、施肥、

喷药等工作,并召开春耕生产调研工作座谈会,听取江门、台山春耕备耕、涉农企业复工复产等方面情况汇报和大耕户、农技人员、农机服务机构代表的意见建议。

陈友权指出,台山在粤港澳大湾区快速发展的进程中,能够保持粮食稳定生产,现代农业发展理念值得推广。他强调,必须把端牢饭碗、解决吃饭问题作为头等大事来抓,要严防死守耕地红线,保障粮食生产稳定。要贯彻落实惠农政策,从资金、技术等方面加大力度支持农民开展粮食生产,想方设法帮助农民降低经营风险,让粮食生产有效益、农民劳动有收益,切实提高农民的积极性,增强农业可持续发展后劲。要大力推广农业智能化服务,加大种子、农药、化肥、农机等领域的支持力度,把粮食智能化服务覆盖到育秧、插秧、收割、烘干等各个环节,进一步提高农业生产服务质效,促进农业高质量发展。

农业农村部种植业管理司调研我市春耕生产工作情况

(来源:广州市人民政府)

3月12日,农业农村部种植业管理司一级巡视员陈友权带队到广州市开展春耕现场调研。

陈友权同志一行实地察看了增城区朱村街龙新村千亩水稻直播示范片区,了解广州市早稻种植意向、育秧进度和机械化耕种情况。听取了广州市新冠疫情防控和春季农业生产情况及增城区开展水稻优质高效创建情况汇报,对广州市及时出台支农惠农政策抗击疫情、促进春季农业生产两手抓两手硬,多管齐下促进粮食增量提质,扎实抓好粮食生产工作表示充分肯定,对增城区打造水稻"丝苗米"品牌表示赞赏。

广东省农业农村厅三级调研员林翠兰、广州市农业农村局副局长廖重斌、增城区区委常委邬卫东、增城区农业农村局总农艺师李茂禾等陪同调研。(调研组深入广州市增城区、江门市台山市、云浮市云城区实地调研)

14. 2020年3月9—11日，赴湖南省调研督导春耕备耕工作。

农业农村部专家组来汉寿调研督导春耕备耕工作

（来源：汉寿县人民政府）

3月10日上午，农业农村部种植业管理司一级巡视员陈友权、湖南省农业科学院党委书记柏连阳来汉寿调研督导春耕备耕工作。汉寿县委副书记刘毅翔参加。

通过现场察看和听取汇报，陈友权一行全面了解汉寿县春耕备耕生产、涉农企业复工复产及高标准农田项目建设等情况。面对新冠肺炎疫情给农业生产带来的新压力、新挑战，汉寿县把春耕备耕作为当前重要的工作来抓，提早部署、精准施策，坚决做到疫情防控和春耕备耕"两手抓、两不误"。

陈友权希望汉寿县继续采取有力措施，全力确保粮食播种面积稳定，加强农资调度和农机作业准备，确保不误农时；继续做好涉农企业复工复产和新型经营主体的服务工作，落实相关惠农政策，切实为他们排忧解难，确保春耕生产和社会化服务不受疫情影响，为今年农业丰收和经济发展打好基础。

春暖花开，奔你而来
——早稻集中育秧指导调研组进驻娄底双峰县促春耕

（来源：湖南农业大学农学院）

为贯彻执行湖南省农业农村厅《关于做好早稻集中育秧调研指导工作通知》的精神，由湖南省农业农村厅直属相关单位和湖南农业大学农学院组成的双峰县育秧调研指导组陈灿、周孟辉等一行3人于3月8日进驻双峰县农业农村局，正式启动调研指导工作。

下午，农业农村部调研组组长种植业管理司一级巡视员陈友权、粮油处副处长刘武来双峰县调研春耕情况，湖南省农业农村厅总农艺师唐建初，湖南省农业科学院研究员赵正洪以及娄底市和双峰县委相关领导等陪同调研。双峰县农业农村局向农业农村部调研组介绍了此次早稻集中育秧布置工作及相关任务的落实情况。双峰县调研指导组也陪同陈友权一行赴锁石镇参观万亩油菜基地及到其他乡镇了解相关育秧主体春耕备耕情况，陈友权对锁石镇的油菜种植提出了建设性的建议；赴印塘镇石灰塘察看农业大户早稻大田翻耕情况，详细听取了农户往年的种植情况及今年的播种计划；实地调研参观四丰农业育秧点的密室叠盘育秧以及农户备种备肥情况。（调研组深入娄底市双峰县、常德市汉寿县和桃源县、长沙市长沙县实地调研）

15. 2020年3月7—8日，赴江西省调研春耕备耕工作。

农业农村部春耕备耕指导组到我市调研

（来源：澎湃）

3月7日，由农业农村部种植业管理司一级巡视员陈友权带领的春耕备耕指导组到高安市调研。江西省农业农村厅二级巡视员刘宝林，高安市领导袁和庚、巫晓怡等陪同调研。

调研组一行先后来到大城镇汇丰源种业公司早稻种子储备库、瑞州街道火垅村高标准农田建设点、上湖乡赤星村辣椒育苗移栽点、上湖村早稻工厂化育秧点以及黄沙岗镇民兴合作社，从农资、农机准备，农村劳力、农业社会化服务等方面，全面了解高安市春耕备耕生产、涉农企业复工复产、高标准农田项目建设情况。

陈友权在调研中指出，虽然正值新冠疫情防控期间，但是高安市在抓春耕备耕生产上毫不放松，将春耕备耕作为当前农业农村工作的重中之重来抓，坚决做到了"两手抓、两不误"，采取了一系列积极有效的措施，科学引导农业生产者、农资经营者和广大群众开展春耕备耕生产，全力保障涉农企业复工复产。陈友权希望高安市要继续采取有力措施，完善激励机制，优化保障措施，全力确保稳定粮食播种面积，要加强农资调度和农机作业准备，确保不误农时；要继续做好涉农企业复工复产和新型经营主体的服务工作，落实相关惠农政策，切实为他们排忧解难，确保春耕生产和社会化服务不受疫情影响，为

今年农业丰收和经济发展稳定打好基础。(调研组深入宜春市高安市、上高县和袁州区实地调研)

16. 2015年5月7日,赴河南省调研指导夏粮生产工作。

农业部专家组莅临安阳市调研指导夏粮生产工作

(来源:河南省人民政府)

5月7日,农业部种植业管理司陈友权副巡视员一行莅临安阳市调研指导夏粮生产工作。河南省农业厅总农艺师王军茂、国家小麦中心副主任郭天财等省厅有关专家,安阳市政府副秘书长薛文明、市农业局局长马天福陪同调研。

陈友权察看了(安阳县)广润坡十万亩高标准粮田示范区小麦长势,询问了今年安阳市小麦生长情况,对安阳市春季农业工作开展情况给予了高度评价。就做好安阳市当前夏粮及今后粮食生产工作,陈友权提出三点要求。一要加大投入力度。国家对农业的投入逐年提高,财政部门要对涉农项目适当进行配套,专门用于农业基础设施建设,改善粮食生产基础条件,为国家多打粮、打好粮。二要改变补贴方式。随着国家补贴资金的增加,补贴增量部分要优先补贴给种粮大户、家庭农场、专业合作社等新型经营主体,逐步实现一家一户粮食生产统一供种、统一病虫害防治等集约化管理模式。三要强化技术服务。各级农业部门要依托刚刚建好的区域服务站,创新技术服务方式,实行技术承包责任制,确保先进适用技术推广到田间地头,充分发挥科技在粮食增产中的作用。

17. 2015年5月5日,赴山东省督导夏粮和春耕生产。

农业部夏粮及春耕生产督导组到齐河督导农业生产工作

(来源:齐鲁网)

5月5日,农业部种植业管理司副巡视员陈友权带领督导组来齐河县督导农业生产工作。齐河县委副书记、县长王晓东,县委常委、副县长龙熹,副县长张和田陪同活动。

陈友权一行实地到农业部粮食绿色增产模式攻关核心区,仔细查看小麦长势,检查小麦"一喷三防"及重大病虫害防治等关键技术落实情况……

陈友权对齐河县农业生产工作给予充分肯定。他指出,目前,小麦陆续进入产量形成的关键时期,也是小麦田间管理和病虫害防治的关键时期,希望齐河县继续加大工作力度,强化指导服务,科学调控肥水,加强病虫防控,全力夺取夏粮丰收。

18. 2014年2月17—19日,赴四川省督导春季田管及春耕备耕工作。

农业部督导组检查指导我省当前春季田管及春耕备耕

(来源:四川省人民政府)

2月17—19日,由农业部种植业管理司副巡视员陈友权带队的春季田管督导组在四川省农业厅总经济师肖小余的陪同下,对四川省春季田管及大春备耕工作进行了督查。

督导组一行先后到盐亭县黄溪乡、三台县东塔镇和潼川镇、中江县通济镇和合兴乡、仁寿县珠嘉乡等乡镇,深入田间地头和农资市场,通过查看苗情墒情、走访农户、召开院坝会、询问农资价格等形式,了解当前小春苗情、病虫情及大春备耕等情况,要求切实加强以病虫防治、肥水管理为主的春季田管及大春备耕工作,尽快掀起春耕生产热潮。

农业部督导我县小春田间管理

(来源:三台新闻网)

2月17日,由农业部种植业管理司副巡视员陈友权带队的工作组,对三台县小春田间管理及春耕备耕工作情况进行了督导。三台县副县长汤克斌陪同。

督导组深入东塔镇、潼川镇检查了中央一号文件的贯彻落实情况、小春粮油作物苗情及病虫害发生预防等情况。在东塔镇东江村，督导组进入农户家，详细询问了小春作物面积及长势情况、大春种植意向、农资准备及存在的主要问题，并向农户了解了当前农业生产中存在的问题；在潼川镇凤凰村，督导组查看了小麦条锈病的发生程度，对三台县利用小麦"一喷三防"专项资金，加强对小麦病虫害的防治取得的成绩表示肯定。

督导组认为，三台县农业部门认真贯彻落实中央一号文件和农业部、四川省春季田管暨春耕备耕视频会议精神，措施有力，工作扎实有效。督导组要求，要继续抓好小春粮油作物田管，确保小春粮油丰收；要大力推广轻简化栽培技术，突出抓好农机农艺结合等工作。（督导组深入绵阳市盐亭县和三台县、德阳市中江县、眉山市仁寿县实地督导）

19. 2012年10月23日，赴安徽省调研秋种工作。

农业部到裕安区调研秋种工作

（来源：安徽农网）

为切实推进秋种工作，确保午季作物种满种足，10月23日，农业部种植业管理司陈友权、杜建斌处长、安徽省种植业局局长牛运生一行3人到裕安区调研秋种工作开展情况，裕安区政法委书记黄战野、市区农委相关负责人陪同调研。

调研组一行先后前往独山镇长生桥村、分路口镇江堰村，召开了部分村干部、种粮大户、农民群众参加的座谈会，仔细询问了当前秋种进度、农村土地流转及农业生产中遇到的突出问题，在座谈中，调研组一行强调秋种工作事关国家粮食安全，农业部门正在采取综合有效措施，调动农民生产积极性，解决好冬闲田问题，扩大秋种面积。

四、调研指导农业抗灾救灾工作

1. 2022年11月1—9日,赴湖南省、江西省、安徽省调研旱情影响及秋冬种工作。

农业农村部调研组深入武宁县调研旱情影响及秋冬抗旱保播工作

(来源:中国·武宁)

11月5日,农业农村部种植业管理司一级巡视员陈友权率调研组一行来到武宁县,就旱情影响及秋冬抗旱保播工作开展调研。江西省农业农村厅副厅长刘光华,武宁县委副书记刘名寿,副县长武文斌陪同调研。

陈友权一行先后来到清江乡晏头村,石渡乡官田村,罗坪镇洞坪村、长水村,通过察旱情、听汇报、问情况等方式,对武宁县油菜生产、抗旱救灾、乡村振兴等工作进行了详细了解。

陈友权指出,要认真贯彻习近平总书记重要指示批示精神,落实党中央、国务院部署要求,切实提升思想认识和政治站位,把应对少雨干旱天气、秋冬抗旱保播作为当前首要任务。深入分析干旱对油

菜、大豆等作物生长发育进程的影响，分区域分作物采取针对性抗灾救灾措施，尽最大努力减少损失，坚决打赢冬种生产保卫战。

陈友权强调，各级各部门要坚定稳住粮食生产目标不动摇，牢固树立抗大旱、长期抗旱思想。进一步加强技术指导，加强灾情监测预警和农作物病虫害监测；落实惠民扶持政策，提高农户种植积极性，保障农业生产安全，促进粮油生产再上新台阶。

农业农村部种植业管理司领导到我县调研旱情影响和冬种抗旱保收工作

（来源：修水县人民政府）

11月5日，农业农村部种植业管理司一级巡视员陈友权到修水县调研旱情影响和冬种抗旱保收工作，江西省农业农村厅种植业处处长刘国昕、省农业技术推广中心种植业推广处处长骆赞磊，九江市农业农村局副局长帅锦耀随同调研，修水县委副书记马文卿陪同调研……

陈友权一行先后来到漫江乡、太阳升镇实地察看修水县冬种抗旱保收工作，深入田间地头了解油菜种植、生长状况，并通过召开座谈会听取情况汇报，充分肯定修水县抗击旱情、冬种工作取得的成绩，认为我县高度重视，抗旱保收工作行动早、部署快、效果明显，特别对我县采取"两早、两改、一提升"工作措施，千方百计扩大粮油、旱粮等冬季作物种植面积，力争将农作物等受灾损失降到最低所取得的成绩给予高度评价。他强调，要深入学习贯彻党的二十大精神，进一步加大力度，树立信心，充分发挥广大群众积极作用，特别是发挥种植大户的示范带动作用，全力推动秋冬农作物种植取得实效，坚决打赢农业抗旱减灾保丰收这场硬仗，全面推进乡村振兴，巩固拓展脱贫攻坚成果，扎实推动乡村产业振兴。

农业农村部调研组到宜春调研秋粮及油菜生产工作

（来源：搜狐网）

11月4日，农业农村部一级巡视员陈友权一行来宜春调研秋粮及油菜生产工作。

调研组先后深入袁州区彬江镇、西村镇，万载县三兴镇、茭湖镇就秋粮生产、油菜抗旱播种、防灾减灾措施落实等工作进行调研，详细询问农民种粮收益、稻谷市场价格、油菜扩种任务、抗旱减灾措施开展等情况，认真听取了各级政府、基层干部、农技人员对油菜扩种及抗旱减灾的意见建议。

调研组充分肯定了宜春市在油菜及秋粮生产工作方面取得的成效，同时希望农业农村部门要全力以赴抗大旱、抗久旱，深挖油菜扩种潜力、不断提升油菜产能、保障食用植物油有效供给，协调推进绿色种植、促进粮食和重要农产品高质量发展，为保障国家粮食安全和重要农产品供给作出宜春贡献。

农业农村部种植业管理司调研组来汉寿调研秋冬农业生产工作

（来源：汉寿融媒）

11月1日下午，农业农村部种植业管理司一级巡视员陈友权一行来汉寿调研秋冬农业生产工作，县委常委、副县长宋万林参加调研。

调研组一行先后来到汉寿县蔬菜产业园、罐头嘴镇双庆万亩油菜生产基地，通过看展板、听汇报、现场查看等方式，详细了解汉寿蔬菜和油菜的生产销售、品种研发、推广种植情况及存在的困难和问题。

调研组对汉寿在前段时间抗旱保收，积极开展蔬菜、油菜种植的举措给予了充分肯定。陈友权要求，有关部门要确保油菜种植目标，解决水源保障等问题；要把做好秋冬播种作为当前农业生产最紧迫的任务，抢抓农时，密切关注天气变化，加强灾情监测预警和农作物病

虫害监测;要落实惠民扶持政策,提高农户种植积极性,保障农业生产安全,促进粮油生产再上新台阶。(调研组深入湖南省常德市汉寿县、长沙市浏阳市;江西省宜春市袁州区、万载县、九江市修水县、武宁县;安徽省蚌埠市怀远县,阜阳市颍州区,亳州市涡阳县、谯城区实地调研)

2. 2022年8月22—24日,赴安徽省参加抗旱和"三农"工作调研指导。

张桃林来铜调研指导抗旱和"三农"工作

(来源:铜陵网络台)

8月23日,农业农村部副部长张桃林来铜调研指导抗旱和"三农"工作。农业农村部种植业管理司一级巡视员陈友权、农田建设司副司长杜晓伟参加调研。铜陵市领导丁纯、胡启望、吴强,安徽省农业农村厅副厅长潘鑫等陪同调研。(调研组深入阜阳市颍上县、六安市金安区、铜陵市义安区、芜湖市湾沚区实地调研)

3. 2021年10月15—17日，赴山西省、陕西省调研农业抗灾救灾和秋收秋种工作。

农业农村部在我省调研农业抗灾救灾和秋收秋种工作情况

（来源：潇湘晨报）

10月15—16日，农业农村部种植业管理司一级巡视员陈友权一行到山西省运城市对农业抗灾救灾情况进行调研，并实地指导抢收抢种工作。山西省农业厅二级巡视员薛志省陪同调研。

陈友权一行先后深入稷山县西薛村、国家板枣公园，新绛县龙兴镇娄庄村、三泉镇国彦农机服务专业合作社、新绛县珍粮粮食种植专业合作社等地，实地查看玉米抢收、板枣种植、农田疏渠排水、农机作业、烘干仓储等情况。陈友权充分肯定了山西省早预判、早部署、早行动，以"双减双抢"为中心开展的防汛救灾和灾后恢复生产工作，充分肯定了广大受灾群众开展自救互救的积极行动。他指出，要抓住关键时期统筹做好防灾减灾和秋收秋种工作，确保重灾地区少减产、轻灾地区保稳产。要抓紧进行农田排涝，组织群众尽快排水，最大限度减少田间积水对粮食造成的影响，同时做好洪水过后的防疫工

作。要科学选种、增加播量、提高质量，以种补晚、以密补晚、以好补晚，实现晚播小麦丰产高产。要加强对受灾地区的帮扶，及时协调保险公司做好定损理赔，最大限度减少农民因灾损失。要动员各方力量，组织亲帮亲、邻帮邻，发动相关部门参与排涝抢收工作，多措并举确保秋粮稳产增产，确保全年粮食和农业丰产丰收。（调研组深入山西省运城市稷山县、新绛县，陕西渭南市大荔县、蒲城县实地调研）

4. 2021年7月20—22日，赴甘肃省调研粮食生产和农业防灾减灾工作。

农业农村部调研组在会宁县调研粮食生产和农业防灾减灾工作情况

（来源：会宁融媒）

7月22日，农业农村部种植业管理司一级巡视员陈友权一行在会宁县调研粮食生产和农业防灾减灾工作情况。调研组强调，要进一步强化政策扶持力度，创新工作举措，全力以赴抓好粮食生产和农业防灾减灾工作。甘肃省农业农村厅党组成员、副厅长梁仲科参加调研。

在受旱灾较重的甘沟驿镇河西坡村，调研组成员深入田间地头，查看了解农作物受灾情况和救灾措施、保险理赔等情况。在随后召开的座谈会上，调研组认真听取了省市县三级农业农村部门粮食生产和农业防灾减灾工作开展情况汇报，并就工作中存在的困难和问题提出指导意见。

调研组强调，粮食生产事关国运民生，粮食安全是国家安全的重要基础。省市县三级农业农村部门要进一步提高政治站位，压实工作责任，严格落实《粮食流通管理条例》中的党政同责制，上下齐心抓粮食生产，确保将粮食安全工作放在心上、抓在手上、扛在肩上；要采取有力措施，以钉钉子的精神抓好各项农业生产措施的落实，特别是加强农业专项资金的管理,切实提高资金使用效益,不断夯实农业生产基础;要扎实开展好气象监测和病虫害防治工作,及时向公众通报雨情信息,加强灾情预警,持续抓好重大病虫害防控,扎实有效开展统防统治,强化指导服务,努力实现虫口夺粮防灾保丰收。(调研组深入定西市安定区、白银市会宁县实地调研)

5. 2020年9月6日,赴黑龙江省调研指导农业抗灾救灾工作。

农业农村部领导到桦川县调研

(来源:佳木斯市人民政府)

9月6日上午,农业农村部种植业管理司一级巡视员陈友权一行先后来到县滨江庄园有机水稻种植基地、星火水稻产业园、苏家店镇新胜合作社开展抗台风救灾工作调研指导。黑龙江省农业农村厅二级巡视员顾毅、佳木斯市人大常委会副主任、桦川县委书记郭广福、佳木斯市政府副市长王大勇、桦川县委副书记徐永志参与调研。

陈友权强调,8月下旬以来,东北地区先后遭遇台风、局地大风和强降雨,对农业生产造成一定影响。各地、各部门要强化领导,落实责任,加大力度,细化措施,确保组织、人员、责任、方案、物资、监测预警、应急处理到位,切实维护广大农民生命财产安全和农业生产安全。相关部门要深入一线组织开展灾情排查,抢排田间积水,科学应对作物倒伏,及时组织杀菌灭病,强化后期田间管理,提早做好秋收准备,确保实现颗粒归仓。

6. 2019年8月20—22日,赴黑龙江省调研指导农业抗灾救灾工作,参加黑河市农产品区域公用品牌发布会。

农业农村部种植业管理司一级巡视员陈友权一行到我县调研

(来源:庆安县人民政府)

8月22日,农业农村部种植业管理司一级巡视员陈友权一行,在黑龙江省农业农村厅总农艺师庞海涛及绥化市农业农村局副局长杨振明的陪同下，到庆安县调研农作物长势情况。庆安县领导邹小宁陪同调研。

陈友权一行先后深入致富乡和东禾农业集团久宏生态农业示范园区、鸿基生态农业以及庆安县水稻节主会场等地，实地查看农作物长势情况，了解庆安县水稻种植、生产、加工销售以及现代农业发展等相关情况。

陈友权一行对庆安县绿色有机农业发展所取得成果给予了肯定。认为庆安县高度重视现代农业发展，各项措施投入到位，有效促进了农民增收，农业发展取得良好的效果。同时他还表示，近期持续阴雨和低温寡照天气给农作物生长发育带来了不利影响，要及时组织开展技术指导，落实以"抢积温、促早熟、防早霜"为重点的肥水管理措施，促进作物正常生长发育。要分析研判影响，把好病虫防治关，指导农户合理运用肥料和药剂防治，促进苗情转化，确保秋粮丰收。

农业农村部种植业管理司一级巡视员陈友权带领工作组来我市检查指导农业抗灾救灾工作

（来源：海伦市人民政府）

8月22日，农业农村部种植业管理司一级巡视员陈友权带领工作组来海伦市检查指导农业抗灾救灾工作。黑龙江省农业农村厅总农艺师庞海涛、海伦市副市长王宝峰及相关部门同志参加活动。

陈友权一行先后来到海北镇海北村大豆种植地块、长发镇长兴村鸭稻种植基地、永和乡大豆种植基地、前进镇自新村付正武农机合作社玉米种植地块进行实地踏查，每到一处，都详细了解作物生长、种植面积等有关情况，并就受灾情况及农业抗灾救灾工作开展情况与有关同志进行了交流探讨。

陈友权指出，目前来看，海伦市在农业抗灾救灾工作上做到了提前准备，科学应对，迎台风、战暴雨、除水患，工作有力有序有效，但面对多变的天气，要始终做到防患于未然，把农业救灾减灾作为当前农业农村系统工作的重中之重，抓紧对低洼地块受灾区域、受灾作物种类、面积、受灾程度等情况进行全面排查，摸清底数，备好备足排水设备，确保及时排出农田积水，消除因内涝对作物生长带来的影响，为稳产丰产打下坚实基础。

黑河市农产品区域公用品牌发布会暨黑河绿色物产网启动仪式成功举办

（来源：黑河市人民政府）

8月的黑河，天高云淡，山清水秀，千里沃野升腾着绿色发展的新希望。8月20日，标志着黑河农业绿色发展示范区创建取得重要阶段性成果的黑河市农产品区域公用品牌发布会暨黑河绿色物产网启动仪式在黑河银建施泰根博格酒店阳光厅隆重举行。"极境寒养"公用品牌形象的揭幕、黑河绿色物产网的启动，是对黑河绿色有机功能性物产品质和应当在市场上成为知名品牌的充分自信，将进一步引领黑河农业绿色高质高效发展，不断提升消费者对黑河绿色有机功能性物产的认知度和信任度。

黑河市委书记秦恩亭、农业农村部种植业管理司一级巡视员陈友权先后致辞，并与国家大豆技术体系首席科学家中国农业科学院韩天富，黑河市委副书记、市长马里，中国绿色食品发展中心基地处处长梁志超，黑龙江省农投集团党委书记、董事长杨宝龙，黑龙江省绿色食品发展中心主任王蕴琦共同揭幕公用品牌形象、启动黑河绿色物产网。

陈友权在致辞中指出，黑河市推进全域农业绿色发展面临良好的发展机遇期，一是有习近平新时代中国特色社会主义思想尤其是绿色等五大新发展理念的引领；二是实施乡村振兴战略和推进生态文明建设将为农业绿色发展提供良好的人文环境和政策、资金、人才、技术等强力支撑；三是中俄远东农业合作开发的推进，将为黑河绿色有机农产品生产加工提供原料来源，带动加工服务等二三产业发展。希望黑河以此次活动为契机，联手国内外知名企业，进一步将农业绿色发展这件大事抓紧抓好、抓出成效，在农业绿色高质高效发展上发挥好示范作用，当好全国农业绿色发展的排头兵。

7. 2018年2月22日，赴河北省开展小麦抗春旱促春管工作督导。

农业部种植业管理司副司长陈友权来我市督导小麦抗春旱促春管工作

（来源：新乐市人民政府）

农业部种植业管理司副司长陈友权在河北省、石家庄市农业部门负责同志陪同下来新乐市就小麦抗春旱促春管工作进行了督导，新乐市长郭建亨、副市长杨亮陪同督导。

新乐市农林畜牧局负责同志就当前小麦苗情状况以及推广节水技术、减少农药和化肥使用量情况进行了汇报。陈友权对新乐市小麦种植管护工作给予了肯定，希望我市农业部门要镇压锄划结合，增温保墒促苗早发。要因地制宜，科学推迟春季第一次肥水管理时间。要加强监测预报，及时除治病虫草害。

督导期间，陈友权一行还到我市木村就小麦生长情况进行了实地查看，并进行了现场指导。

8. 2016年8月25日,赴湖北省调研农业抗灾救灾工作。

农业部种植业管理司副巡视员陈友权一行到我县调研农业灾后恢复生产情况

（来源：团风网格）

8月25日下午,在湖北省农业厅总农艺师邓干生、种植业处调研员周开平、黄冈市农业局局长梅建新等同志陪同下,农业部种植业管理司副巡视员陈友权、植保植检处副调研员常雪艳等一行深入团风县,调研7月洪涝灾害后农业恢复生产工作情况。

陈友权一行先后查看了团风镇黄湖移民新区"以早代晚"水稻现场、蔬菜大棚花菜育苗现场、黄草湖村西瓜大棚改种冬瓜现场。当看到一片片绿油油的水稻苗,一棚棚长势喜人的冬瓜秧,陈友权一行感到非常满意,不时与种养大户、合作社负责人进行现场交流,了解农业受灾和农业复产情况,鼓励他们要在当地农业部门的指导下,加强科学管理,努力弥补灾害造成的损失。

陈友权一行认真听取了参加座谈的团风县委书记刘应文、副县长骆明正、副县长郭国胜、县农业局局长童庆健等同志的有关情况介绍,陈友权对团风县委、县政府在受灾面如此之大、损失如此之重的情况下,不等不靠,扎实组织开展生产自救和灾后复产所做出的努力工作给予了充分肯定,对团风县农业部门主动作为,积极开展"一抗六保"（抗灾保发展、保目标、保安全、保稳定、保民生、保脱贫）工作,给受灾农民充当主心骨给予了高度赞扬。同时要求省市县农业部门领导要切实履职尽责,充

分发挥农业部门技术优势，加强灾后农业生产技术服务，重点搞好病虫预测预报和防控，并要对受灾严重的种植大户、专业合作社给予一定的救灾资金或项目扶持，用以表示政府的关爱。

农业部农业灾后恢复生产工作指导组来湖北浠水指导调研

（来源：搜狐网）

8月25日，农业部种植业管理司副巡视员陈友权带领农业部农业灾后恢复指导组来浠水开展灾后恢复生产工作指导调研。

陈友权副巡视员深入浠水县重灾区巴河镇西洋河大畈、兰溪镇花鼓石村察看灾后改种补种水稻、玉米、蔬菜等农业生产自救现场，向专业合作社负责人、农民详细询问了农作物受灾、灾后生产自救情况以及抗灾生产所遇到的问题和困难，听取了浠水县关于农业灾后恢复生产情况汇报。陈友权副巡视员对浠水县农业抗灾生产工作予以充分肯定，认为浠水县灾后农业恢复生产工作决策部署科学、技术方案科学、时间季节把握准确、关键措施有力到位、抗灾效果显著，为黄冈市和湖北省农业灾后恢复生产工作作出了表率。同时，他要求浠水县要树立抗灾到底的思想，切实抓好下阶段灾后农作物田间管理和病虫害防治工作，确保农业抗灾夺丰收取得最后胜利，确保粮食不减产、少减产，农民不减收。

湖北省农业厅党组成员、总农艺师邓干生、省委、省政府驻浠水抗灾救灾工作组成员李永兰、黄冈市农业局局长梅建新参加调研。浠水县委副书记付宇、农业局局长陈旭文陪同调研。

9. 2016年8月24日，赴湖南省调研农业抗灾救灾工作。

农业部工作组到桃江开展农业灾后恢复生产指导调研

（来源：益阳市人民政府）

8月24日，由农业部种植业管理司副巡视员陈友权带队的5人工作组，来桃江指导调研农业灾后生产恢复和重建工作。湖南省农委副巡视员罗振新，省畜牧水产局副局长曹剑平，益阳市农委副主任黄寅虎、桃江县委常委、统战部部长李畅和等人陪同调研。

工作组一行前往灰山港镇视察了该镇天子坡村立新生态葡萄园、刘元生养牛场和佛寺坳村蔬菜基地生产恢复情况，听取当地的救灾重建工作汇报，并与受灾农户深入交谈，了解他们灾后生产生活恢复情况和存在的困难。

陈友权向受灾农户转达了农业部部长韩长赋对灾区农民群众的关心和慰问，勉励他们要树立信心，积极生产自救，渡过难关。在佛寺坳村蔬菜基地，看到基地正在抓紧重建受灾的大棚，受灾的蔬菜得到及时补种、改种，长势良好，陈友权给予了高度评价。他说，这次的灾情，党中央和国务院非常关注和重视，也采取了一系列措施救灾赈灾，帮助灾区恢复和发展生产。但是，恢复和发展生产，主体还是农户，你们这种不等不靠、自力更生的精神非常好。同时，他还认真嘱咐，从县委、县政府到农业、畜牧水产等主管部门，要关心和关注受灾农民，加强对农户灾后生产的技术指导，通过农业保险、帮扶项目等多种途径帮扶和救助重灾农户，帮助他们尽快恢复生产，解决他们生活的后顾之忧。

10. 2016年4月12—13日，赴湖南省参加防汛抗旱和春季农业生产工作调研。

孙中华总师来湘调研防汛抗旱和春季农业生产工作

（来源：湖南省农业农村厅）

4月12—13日，根据国家防总的部署安排，农业部总农艺师孙中华来湘调研检查防汛抗旱和春季农业生产工作。农业部种植业管理司副巡视员陈友权、农情信息处调研员蒋相梅参加调研。湖南省农委主任刘宗林和副主任余雄、邹永霞陪同调研或参加有关活动。

防汛抗旱工作是孙中华一行此次调研的重点。调研组深入益阳市赫山区、沅江市、南县和常德市安乡县、汉寿县，先后检查了防汛物资储备库、灌排水闸、水利综合整治工程、农田沟渠等设施，同农民群众、基层干部深入交谈，详细了解河坝、农田沟渠等修缮、疏通以及防汛抗旱物资储备、技术准备等情况……

在调研中，孙中华一行深入春耕生产一线，察看了水稻工厂化育秧、机插秧、农业社会化服务、农机维修、大棚蔬菜生产等现场，实地了解春耕生产进度、农作物长势等情况……

11. 2015 年 5 月 26 日，赴贵州省调研农业抗灾救灾工作。

农业部及省、州农委领导到宝山街道视察灾情

（来源：多彩贵州网）

5月26日，农业部种植业管理司副司长陈友权、农业部种植业管理司种植业处处长李建伟、贵州省农委总农艺师黄俊明、省农委种植业处处长易勇、黔南州农委副主任李应明一行到宝山街道（黔南州贵定县）视察"5·19"特大洪水受灾情况。陈友权一行深入受灾最严重的宝山街道农庄村关坝河受灾现场，听取了灾情的汇报，还来到田间地头详查灾情，并指导灾后重建工作。陈友权强调，各级领导干部要切实关注受灾群众，掌握受灾情况，认真摸清底数，做好群众生产生活安排；要进一步加强水情、雨情预测预报，及时掌握信息，提醒群众做好防灾减灾工作。

12. 2014 年 1 月 16 日，与中国气象局会商研判农业气象年景。

气象局和农业部在京举行 2014 年首次农业气象会商

（来源：中国政府网）

1月16日，中国气象局和农业部在京举行今年首次农业气象会商，就2014年的总体农业气象年景进行研判。

农业部种植业管理司副巡视员陈友权对中国气象局长久以来的支持表示感谢。"农业的发展凝聚着气象部门的心血"，他表示，"希望气象部门能继续帮助农业部门，提供农业主产区相关气象要素分析资

料及预测资料"……

会商中,气候预测专家介绍了2014年总体农业气象年景和分区域灾害预测情况,农业气象专家分析了去年12月以来冬麦区的农业气象条件,并对未来天气趋势及其对农业生产的影响进行预测。

13. 2013年10月21日,与中国气象局共同召开冬麦区旱情分析会商会。

气象农业两部门召开冬麦区旱情分析会商会 专家聚焦冬麦区旱情

(来源:中国气象局)

10月21日14时30分,中国气象局和农业部共同召开当前冬麦区旱情分析会商会议。来自中国气象局应急减灾与公共服务司、农业部种植业管理司和国家气象中心有关领导出席会议。

农业部种植业管理司副巡视员陈友权对气象部门长期以来的支持与帮助表示感谢,并指出,气象部门提供的服务对于指导当前冬麦区抗旱保播工作具有重要的意义。

在会商会上,国家气象中心农业气象中心专家介绍了当前旱情及后期天气情况对农业生产的影响,国家气象中心天气预报专家和国家气候中心气候预测专家则分别介绍了冬麦区后期天气情况和冬季气候预测情况。随后,农业专家与气象专家针对河南、河北、山东、陕西等地冬麦区的降水条件影响,冬季是否会出现低温冻害等问题,以及应对措施与防范意见进行了分析与讨论。

14. 2010 年 12 月 10 日，与中国气象局联合督导抗旱保苗工作。

中国气象局与农业部派出督导组 深入旱区开展抗旱保苗工作

（来源：中国气象局）

12月10日，中国气象局与农业部联合派出冬小麦抗旱督导组，奔赴山东省临沂市，进行为期两天的苗情、墒情及灾情督查工作，确保冬小麦安全越冬……

农业部种植司农情信息处处长陈友权表示，农业部将督促指导受旱地区合理利用水源抗旱保苗，同时与气象部门继续保持紧密联系，抓住降雨时机，开展中耕、划锄等田间保苗措施。

日前，中国气象局与农业部的合作日益密切，全国各级气象部门和农业部门也强化合作，在遇到转折性或灾害性天气、重要农事活动时，双方联合会商，紧密配合，共同为"三农"保驾。

15. 2010 年 12 月 7 日，被国家防汛抗旱总指挥部、人力资源和社会保障部、解放军总政治部授予"全国防汛抗旱先进个人"荣誉称号。

全国防汛抗旱先进集体和先进个人名单

（来源：中国政府网）

新华社北京 12 月 7 日电

全国防汛抗旱先进集体名单（共 219 个）……

农业部

农业部种植业管理司农情信息处……

全国防汛抗旱先进个人名单（共 378 名）

农业部

于沛民　农业部渔政指挥中心调查处副主任科员

陈友权　农业部种植业管理司农情信息处处长

农业部办公厅关于推荐全国防汛抗旱先进集体和先进个人的函

（来源：中华人民共和国农业部）

全国防汛抗旱先进集体和先进个人评选表彰工作领导小组办公室：

国家防汛抗旱总指挥部、人力资源和社会保障部、解放军总政治部《关于评选表彰全国防汛抗旱先进集体和先进个人的通知》（人社部函〔2010〕297号）收悉。我部严格按照上述通知规定的评选范围、评选推荐条件、评选程序和要求，评选出拟推荐对象，经征求人事（组织）、纪检监察、计划生育部门的意见，在中华人民共和国农业部内网上对拟推荐对象进行了5个工作日的公示，并报部领导审批，现正式推荐农业部种植业管理司农情信息处为全国防汛抗旱先进集体，农业部种植业管理司陈友权和农业部渔政指挥中心于沛民为全国防汛抗旱先进个人。

五、加强农药生产经营监督管理

1. 2019年1月30—31日，赴广西壮族自治区检查农药安全风险防范工作。

农业农村部工作组到自治区开展防范农药安全风险检查

（来源：广西农业农村厅）

1月30—31日，农业农村部种植业管理司副司长陈友权带队到广西开展防范农药安全风险检查。自治区农业农村厅副巡视员王海吟参加检查工作。

检查组先后深入南宁碧湾园生态农业开发有限公司蔬菜种植基地、海湾农资综合市场、易多收公司、田园生化股份有限公司等农药生产、经营及使用单位进行实地检查走访，仔细查看档案资料、安全防范制度建立及落实、安全实施设备运行等情况。

陈友权对自治区农药生产、经营和使用方面安全风险防范工作给予充分肯定，并提出要严格按照新修订的《农药管理条例》及其配套规章要求，进一步提高责任

意识和监管能力，落实防范农药安全风险责任主体，为春节和"两会"期间创造良好社会环境，从源头上保障人民群众舌尖上的安全。

农业农村部领导前往兴宁区指导防范农药安全风险检查工作

（来源：广西南宁市农业农村局网站）

春节将至，为保障人民群众健康和农产品消费安全，2019年1月30日，农业农村部种植业管理司副司长陈友权等一行3人前往兴宁区指导防范农药安全风险检查工作。自治区农业农村厅、南宁市农业委员会有关领导，兴宁区农林水利局局长李跃勇、兴宁区农业行政综合执法大队副大队长黄祥通等陪同考察。

陈友权一行首先考察了广西南宁碧湾园生态农业开发有限公司，了解基地油麦菜、大白菜、草莓等品种的种植情况和病虫害特点，仔细查阅了生产和用药记录，并询问了公司农产品经营情况。陈友权副司长对公司的绿色、无公害农产品生产经营过程表示认可，提出要加强源头把控，强化品牌建设，切实保障农产品质量安全。

陈友权一行随后考察了广西海湾农资综合市场，了解农药经营店的行政许可、进销台账、限制使用农药定点经营等情况。陈友权副司长对广西海湾农资综合市场的规模化、高标准建设表示满意，他指出，要根据《农药管理条例》等法律法规要求，提高责任意识和监管能力，维护农业投入品市场高质量发展，从源头上保障人民群众舌尖上的安全……

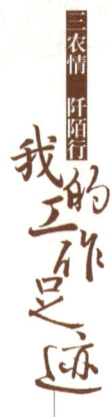

2. 2018年7月26日，赴河南省督导农药管理工作。

农业农村部种植业管理司副司长陈友权
来河南开展《农药管理条例》贯彻落实情况督导

（来源：河南省人民政府）

7月26—28日，农业农村部种植业管理司副司长陈友权、农药管理处调研员黄辉一行2人来河南省就《农药管理条例》（以下简称《条例》）贯彻落实情况进行督导检查。河南省农业厅副厅长邹庆鹏、郑州市农委、开封市农林局相关负责同志，以及河南省农药检定站站长孙化田、书记马俊峰、副站长楚桂芬陪同督导。

督导组一行先后到荥阳市建丰农资经营门店、荥阳市农委、兰博尔开封科技有限公司、河南现代农业研究开发基地实地查看了行政许可受理大厅、农药经营门店、仓库、进销货台账、农药生产车间、安防设施、农药使用情况等内容。听取了省、市、县三级农业部门贯彻落实《条例》相关工作进展情况汇报，查阅了相关资料，询问了农药生产许可、农药经营许可及农药登记初审等行政审批事项进展情况，并与我省农药生产、经营、使用方面的代表进行了讨论交流，对《条例》落实过程中遇到的困难和问题做出了针对性解答。

陈友权对我省贯彻落实《条例》所做的工作给予肯定，并就我省如何进一步加快《条例》贯彻落实工作、加快农药行政许可工作、强化农药管理工作等提出了意见和建议。（督导组深入郑州市荥阳市、开封市实地督导）

3. 2018年7月25日，赴山东省督导农药管理工作。

颁发农药经营许可证要因地制宜，不能影响农药使用

（来源：知网空间）

7月25日，农业农村部种植业管理司副司长陈友权、农药管理处调研员黄辉一行来山东省莘县开展《农药管理条例》贯彻落实情况

督导。莘县作为"中国蔬菜第一县",现有农药经营门店1200多个,量大面广,监管难度较大。莘县农药监管力量强大,县乡都设立了农产品质量安全办公室,人员50多人,车辆装备齐全,早已做到了农药可追溯监管,连续多年被省农业厅授予"十佳农药监管单位",是山东省第一个核发农药经营许可的县。他们培训了1000余人,在3月底就开始核发经营许可证。到目前为止,一共核发了302个,正在办理的有275个。

4. 2018年5月8日,赴江西省督导农药管理工作。

我省农药经营许可核发工作得到赞扬

(来源:江西省农业农村厅)

5月8日,农业农村部种植业管理司副司长陈友权到高安市调研江西省农药经营许可核发工作。他听取了高安市农业局农药经营许可核发的工作汇报,查阅了相关资料,并到农药经营户进行实地查看。

高安市农药经营许可工作领导重视、推进迅速、经费到位、操作规范、核查严格,全市应用了农药监管平台和购销台账系统,受到了陈副司长的高度赞扬,他建议我省各地学习高安市工作经验,加快推进农药经营许可核发工作。

5. 2018年2月25日,在北京市参加第三届中国农业投入品行业形势分析会。

第三届中国农业投入品行业形势分析会在京举行

(来源:农民日报)

2月25日,第三届中国农业投入品行业形势分析会(农民日报社主办)作为2018中国"三农"发展大会的分论坛在北京会议中心召开,农业部农机化管理司司长李伟国、经管司司长张红宇、种植业管理司副司长陈友权、全国农业技术推广服务中心主任刘天金及中化

集团等企业围绕"经营主体与服务主体如何服务现代农业、如何提高农业服务的核心竞争力、农业服务的创新和模式运营的解析、互联网+农业服务"等议题展开深入讨论……农民日报社副总编辑詹新华致辞。

农业部种植业管理司副司长陈友权表示,农业专业化服务是农业发展的必然要求,也是现代农业基本的内容和特征,是我国农业发展的趋势和方向。目前国家对农业专业化服务组织的扶持政策包括农机购置补贴、各级地方和农业部门通过实施有关项目给专业服务组织配置机械或者给予补贴和财政专项资金、通过农服合作为农民提供全程病虫害的绿色防控以及参与实施有关重大的基础示范项目,如规模化养殖粪污资源化利用、东北黑土地保护、土地深耕、高标准农田建设、秸秆还田、农产品粗加工等。陈友权认为,除了国家的扶持,专业服务组织自身也要创新发展:第一要拓宽服务领域,要开展产前、产中、产后全程综合性的服务;第二要规避经营风险,要签订规范的作业合同,做好作业记录,防止人员意外伤亡;第三要严格守法经营;第四要根据服务内容加强作业人员和管理人员的业务培训,稳定服务队伍,确保服务质量,规范经营管理。

6. 2017年12月28日,在北京市参加中国农药发展与应用协会成立十年纪念大会。

十年不忘初心,服务农药行业引领健康发展

(来源:农财网)

2017年12月28日,"中国农药发展与应用协会三届一次常务理事会议暨协会成立十年纪念大会"在北京召开。农业部原副部长刘

坚，农业部种植业管理司副司长陈友权，中国农药发展与应用协会会长刘永泉，农业部农药检定所党委书记吴国强，总农艺师季颖，全国农业技术推广服务中心党委书记魏启文，中国绿色食品协会常务副会长王运浩，中国工程院李正名院士、赵春江院士，农业部科技发展中心副主任叶纪明，农业部农产品质量安全中心副主任寇建平，农业部农产品质量安全监管局方晓华处长，中国化工报社副社长张健秋，中国农业科学院植物保护研究所副所长郑永权等领导，以及部分副会长、常务理事、特邀嘉宾200多人出席了会议。中国农药发展与应用协会秘书长花荣军主持会议。

陈友权表示，协会成立十年来，一方面积极宣传有关部门的管理措施，及时收集、反映会员单位和农药行业的呼声和意见；尤其在修订《农药管理条例》过程中，帮助管理部门及时征求和反馈广大会员的意见建议，增强了法规、规章制度的科学公正性和可操作性。另一方面为贯彻落实新农药条例，积极组织宣传培训活动，努力营造学法、懂法、守法、用法的良好氛围，帮会员解疑释惑，充分发挥了政府和企业之间的桥梁作用。

中国农药发展与应用协会三届一次常务理事会议

暨协会成立十年纪念大会在京召开

（来源：中国农药发展与应用协会）

2017年12月28日，中国农药发展与应用协会三届一次常务理事会议暨协会成立十年纪念大会在北京召开。农业部原副部长刘坚，农业部种植业管理司副司长陈友权，中国农药发展与应用协会会长刘永泉，农业部农药检定所书记吴国强、总农艺师季颖，全国农业技术推广服务中心书记魏启文，中国绿色食品协会常务副会长王运浩，中国工程院院士李正名、院士赵春江，农业部科技发展中心副主任叶纪明，农业部农产品质量安全中心副主任寇建平，农业部农产品质量安全监管局应急处处长方晓华，中国化工报社副社长张健秋，中国农业科学院植物保护研究所副所长郑永权等领导，以及部分副会长、常务理事、特邀嘉宾200多人出席了会议。大会由中国农药发展与应用协会秘书长花荣军主持。

开幕式上，刘永泉会长代表中国农药发展与应用协会作了热情洋溢的致辞；刘坚原副部长、吴国强书记、陈友权副司长先后对大会的胜利召开表达了祝贺，对协会10年来的工作成效表示了认可，并对协会未来的工作作了指导讲话；山东省农药检定所原所长杨理健、北京颖泰嘉和生物科技有限公司总经理王榕先后发表感言、建议。

7. 2017年12月12—14日，带队赴吉林省督查农产品质量安全专项整治工作。

农业部督导组到我省检查农产品质量安全专项整治工作

（来源：吉林农业）

2017年12月12—14日，农业部督导组一行四人，在农业部种植业管理司副司长陈友权的带领下对吉林省农产品质量安全专项整治工作进行了督导检查。12日，督导组听取了吉林省农委副主任张永林、省水利厅渔政局局长刘革、省畜牧业管理局副局长程文军的工作汇报。之后，在张永林的陪同下，前往舒兰市、农安县进行现场检查，并分别召开了座谈会，现场检查了舒兰市农产品质检中心，吉舒街道中山村检测站，朝阳镇万

隆蔬菜种植合作社，溪河镇众邦源生猪有限公司，农安县农业综合执法大队，春江堰家庭农场，华正农牧业开发公司等单位。

农业部督查组到农安县调研指导农产品质量安全专项整治工作

（来源：新浪吉林）

12月14日，农业部种植业管理司副司长陈友权带领督查组，到农安县调研指导农产品质量安全专项整治工作。省农委副主任张永林、市农委巡视员宋占龙等省市农委领导，副县长刘生贵、县农业局领导陪同调研。

督查组一行参观了农业局农业综合执法队行政执法程序工作流程图、接待群众来信来访工作流程图，观看了发芽室、电泳室工作人员现场作业情况。随后召开座谈会，听取了农安县2017年农资监管工作汇报……

督查组对农安县农产品质量安全专项整治及相关工作给予了充分肯定，尤其对农安县统一农资商品销售凭证、建立农业生产资料追溯系统这一做法给予好评，并就下一步工作提出指导意见和建议。调研组一行还深入万顺乡春江堰农场，实地踏查了解农产品质量安全工作情况。

8. 2017年11月27日，担任农业部第九届全国农药登记评审委员会办公室主任。

农业部关于成立第九届全国农药登记评审委员会的通知

（来源：中华人民共和国农业农村部）

工业和信息化部、环境保护部、卫生计生委、质检总局、安全监管总局、食品药品监管总局、林业局、粮食局、全国供销总社，各省、自治区、直辖市农业（农牧、农村经济）厅（委、局）：

根据《农药管理条例》规定，我部组建了第九届全国农药登记评审委员会。本届评审委员会设立产品化学、药效、残留、毒理学、环境影响、生产流通等专业评审组，涵盖杀虫剂、杀菌剂、除草剂、植物生长调节剂、杀鼠剂、卫生杀虫剂等各个方面。评审委员来自有关部门及单位推荐的专家，组成评审专家库，每次评审会前根据需要从专家库随机抽取参会的评审委员（专家）。专家评审实行回避和保密制度，确保科学、公平、公正。

现将第九届全国农药登记评审委员会委员名单印发给你们，请各有关部门、单位积极支持农药登记评审委员会工作，各位评审委员要尽职履责，共同做好农药登记评审工作，为推动农药产业健康发展作出积极贡献。

附件：第九届全国农药登记评审委员会委员名单

主任委员

余欣荣　农业部副部长

……

办公室主任

陈友权　农业部种植业管理司副司长

……

9. 2017年11月17日，赴江苏省参加农药零增长与绿色发展推进会。

湖南省农药检定所在全国农药零增长与
绿色发展推进会上做典型发言

（来源：湖南省农业农村厅）

11月17—18日，农业部农药检定所在江苏省南通市如东县组织召开农药零增长与绿色发展推进会……

会议由农业部农药检定所所长周普国主持，农业部种植业管理司副司长陈友权到会讲话。周普国首先传达了农业部副部长余欣荣对会议的重要批示，陈友权在讲话中充分肯定了全国农药检定机构在贯彻实施新《农药管理条例》中取得的成绩和农药行业管理中的战略地位，指出了目前工作中还存在认识不到位、重视程度不够、对法规把握尺度不一致、缺乏专业人才、管理队伍建设薄弱等问题，要求全国药检机构要进一步提高认识、尽快建立健全农药管理队伍、认真做好过渡期的工作、切实加强农药日常监管、加强自身建设，努力做好新时期的农药管理工作。

10．2017年9月14日，推动特色小宗作物用药登记。
为保障特色小宗作物质量安全护航

（来源：新华网）

刚刚过去的这个夏天，浙江省台州市黄岩区牛游塘生态果蔬专业合作社的杨梅十分抢手⋯⋯

据农业部种植业管理司副司长陈友权介绍，近年来，农业部加大工作力度，明确了特色小宗作物用药登记的政策要求，把特色小宗作物用药登记资料要求列入新修订的《农药管理条例》配套规章重要内容，为特色小宗作物用药登记提供法规保障。从部门预算资金中每年拿出500万元，扶持特色小宗作物用药情况调查及农药试验，会同农业部农药检定所制订了《用药短缺特色小宗作物名录》《特色小宗作物农药登记药效试验群组名录》《特色小宗作物农药登记残留试验群组名录》，简化特色小宗作物用药登记资料要求，探索登记审批快速通道，鼓励农药企业开展特色小宗作物用药登记，对山东、上海和江苏等省（市）开展冬枣、菠菜及莲藕用药联合试验资料集中评审。

11. 2017年6月2日，赴山西省参加中国农药工业协会理事会会议。

陈友权：权威解读《农药管理条例》及其配套规章

（来源：搜狐网）

6月2日，在太原举办的中国农药工业协会理事会上，农业部种植业管理司副司长陈友权对新实行的《农药管理条例》及其配套规章从农药登记、农药生产、农药经营、农药使用、农药监督管理以及法律责任几方面进行了详细的解读。

12. 2017年5月17日，赴山东省参加第八届生物农药发展与应用交流大会。

生物农药迎利好　天敌登记有望取消

（来源：广东农业信息网）

生物农药因其独特优势一直备受推崇，然而却又长期处于"叫好不叫座"的尴尬境遇。生物农药发展面临哪些新形势和新政策？该如何推动其进一步推广应用？5月17日，由中国农药发展与应用协会主办的第八届生物农药发展与应用交流大会在山东青岛召开，300多名业内人士会聚一堂共话生物农药发展形势，交流新技术和新经验，共谋发展之道……

农业部种植业管理司副司长陈友权指出，目前生物农药推广与应用迎来众多利好消息。首先是随着绿色农业的发展，生物农药作为最绿色投入品之一，将发挥重要作用；其次，在大力推进病虫害绿色防控的实施过程中，生物农药将起到重要的支撑和集成作用；再次，国家相关法律法规的修订和出台，对生物农药的发展应用起到积极的推动作用；最后，各地对生物农药产业的扶持力度逐年加强。

……

13. 2017年3月7日，到全国"两会"山西代表委员住地（北京市万寿庄宾馆）当面反馈建议落实情况。

新面貌　新气象　新状态

——全国"两会"山西代表委员履职侧记

（来源：晋中党建网）

惠风艳阳，玉兰飘香，春天已然向我们走来。

3月3—15日，在北京出席全国"两会"的山西代表委员踏着春的脚步，在备受瞩目的国家政治生活舞台上，将山西的新面貌、新气象、新状态带到了北京，将三晋儿女迎难而上、奋勇创业、担当作为的精神呈现在全国"两会"上。共谋发展树形象……

被山西省代表们昂扬向上的情绪感染的还有农业部种植业管理司副司长陈友权。3月7日晚间，他来到住地反馈建议落实情况。与山西省几位涉农代表沟通座谈后，陈友权说，山西的人大代表对政府工作的监督很有力，所提的建议也事关全局。对于这些问题，代表们还能提出有效的解决措施，说明在事前做了深入调研，有的放矢，履职能力很强。

你的建议很好，我们马上落实

（来源：山西晚报）

3月7日18时40分许，十二届全国人大五次会议山西代表团驻地万寿庄宾馆5号楼第一组审议会场内，一场特殊的小型见面会正在举行……

特殊的见面会

会议室内，山西省的4名涉农全国人大代表郭凤莲、栗翠田、姚建民、马瑞燕与农业部种植业管理司相关负责同志围座，就如何控制农药使用、种植出绿色健康的农作物亲切恳谈。

"这个建议我昨天才在小组审议报告发言时提出，还没有形成文字性建议递交大会。农业部今天就开会研究，还派人专门来驻地和我面商,反馈建议落实情况,效率真高!感谢你们对代表建议的重视。"全国人大代表、大寨村党总支书记郭凤莲对政府部门办理建议的认真、高效表示满意。

"应该是我们感谢您,感谢您对农业的关心,对政府工作的监督和建议。人大代表有监督政府工作的职权,你们的建议提得非常好,我们能够马上落实的就立刻办,这是我们的工作职责。希望您以后对我们的工作继续监督、批评,也欢迎您到农业部来。"农业部种植业管理司副司长陈友权热情发出邀请。

踏上"绿色通道"的建议

事情要从3月6日上午说起。山西代表团分组审议政府工作报告时,郭凤莲代表对农业供给侧改革非常关心。她说,从我们农民的角度来理解,就是要增加绿色、优质、安全的农产品供给。

"总听到人们讲蔬菜、水果农药残留太多了,这不敢吃,那不敢吃。作为种地的农民,脸上好不美气!"郭凤莲说:"不是农民种地想打农药,现在的虫子太厉害了,不打药还真不行!"由此,她建议国家层面组织力量尽快研发现有化学农药的替代产品,大力发展生物农药,为农民种植出绿色健康的农产品提供根本保障。

审议结束后,旁听审议的国务院办公厅工作人员王毅就与郭凤莲进行沟通,向她进一步了解有关农药使用的实际问题,并将建议整理成文,及时报告了国务院办公厅。就这样,郭凤莲还没有形成正式文本的建议踏上了这条"绿色通道",受到高度关注。

国务院有关方面责成农业部认真研究,及时答复代表关切。3月7日下午,农业部种植业管理司组织相关处室对郭凤莲提出的建议召开会议专题研究,分列出政策解答、已做工作和未来将要采取的措施,并提出想与郭凤莲代表面谈。

为了产出绿色安全农产品

在山西代表团旁听讨论审议的王毅立刻联系好相关事宜。郭凤莲听说农业部的同志前来答复建议,就把几个涉农的代表找来,一起商谈如何让大家吃上更安全、更放心的农产品。于是就有了文章开头的见面会。

陈友权开宗明义，他说，郭凤莲代表提出的尽快研发农药替代产品，从源头上治理农药残留、抓好食品安全的建议，农业部高度重视，认为建议虽小却事关农产品安全、农业发展大计。一直以来，农业部都把农药风险、白色污染等问题当作影响农业可持续健康发展的大事来抓。近期，《农药管理条例》已经修订，从法律上加强对农药的监管，鼓励减少农药使用量。

陪同陈友权前来的农业部农药管理处和农药检定所药政处的两位处长也从科学数据、生物农药研发、全过程管理等方面进行了解释。目前从市场情况看，绝大部分农药是高效低毒低残留的，希望大家不要谈药色变。对于一些毒性较大的农药，也制定了淘汰计划，成熟一个、替代一个、淘汰一个，力争到2020年全部退出。对于实在找不到替代产品的农药，农业部将提供专业化服务帮助农民使用，将残留降到安全可控范围。

"生物农药确实好，不过成本高、使用程序多，还需要有关部门引导农民使用，进行必要的操作技术培训。"郭凤莲代表建议。

对于农药使用，农民也很无奈。栗翠田代表是原平市子干乡子干村党支部书记，子干村是纯农业村，他希望全社会打好组合拳，从生产、销售、使用各个方面加强监管，共同减少农药残留的危害。

马瑞燕代表是山西农业大学专门研究生物农药的专家，她认为今后生物农药是发展趋势，使用量也越来越多。生物技术防治病虫害专业性强、成本高、见效慢，但是可以持续改善农作物生长，希望政府对这方面给予长久补贴性支持，不能仅帮扶一两年。

姚建民代表则关注农药滥用现象，希望农业部能够重视。

对代表们提出的建议，陈友权一一记下，表示将会认真研究采纳。

一个多小时过去了，转瞬就快到20:00了，农业部的几位同志还没有吃饭,大家都被这样的工作热情感染了。送走农业部工作人员后,几位代表还在继续讨论如何进一步推动绿色、安全农产品生产。

14. 2017年2月17—19日,赴广东省调研农药管理工作。

农业部种植业管理司陈友权副司长一行到广东调研

(来源:广东省农业厅)

2月17—19日,农业部种植业管理司副司长陈友权一行到广东开展《农药管理条例》配套规章制修订调研,广东省农业厅黄斌民副厅长陪同参加了调研。调研组通过座谈会等形式广泛听取了农业、经信、环保、安监等相关管理部门以及农药工业协会、农药生产经营企业和用户代表意见,现场考察了惠州市银农科技股份有限公司、深圳诺普信农化股份有限公司和广东天禾农资惠州配送有限公司。

座谈会上,有关管理部门和企业代表就《农药管理条例》配套规章制修订工作提出了意见和建议,就如何科学设置农药登记和生产经营许可、提高农药行政许可和监督执法效能、做好农药安全生产和环

境保护等方面进行了深入探讨。黄斌民副厅长就我省农业部门如何配合做好《农药管理条例》配套规章制修订和贯彻实施好农药管理法律法规、创新农药管理机制等方面提出了具体要求。

农业部农药检定所总农艺师季颖、广东省农业厅总农艺师陆国煌以及相关部门负责人随同参加了调研。（调研组深入惠州市、深圳市实地调研）

15. 2016年12月17日，赴浙江省组织召开全国农药管理座谈会。

全国农药管理座谈会在杭州召开

（来源：婺城区人民政府）

12月17—18日，全国农药管理座谈会在杭州召开。各省（市、区）及新疆兵团农药检定（管理）、农业综合执法监管机构负责人、部分市县农业部门代表、农业部相关司局及直属单位代表等约70人参加会议。农业部农药检定所所长周普国主持会议。农业部种植业管理司副司长陈友权出席会议并讲话，浙江省农业厅副厅长张火法参加会议并致词……

16. 2016年12月7—9日，赴四川省督查农产品质量安全专项整治工作。

农业部副司长陈友权一行到川茶集团指导工作

（来源：搜狐网）

12月9日下午，农业部种植业管理司副司长陈友权率农业部宜宾专项督查组一行3人，在四川省农业厅农产品质量安全监管处处长张履平陪同下，到川茶集团开展督查检查指导工作。川茶集团党委副书记、副总裁席阳红，副总裁樊凯歌向督导组作了相关工作汇报，督导组对川茶集团所做工作表示满意。

陈友权一行通过查资料、观产品、听汇报，边看边听边交流，对公司建立的安全质量体系、产品研发、发展规模、园区建设等给予充分肯定，鼓励川茶集团做好川茶的领头羊作用，做大做强天府龙芽这个区域大品牌，让全国乃至世界人民都知道天府龙芽来自四川，让天府龙芽以更快的步伐迈向国内外市场。农业部种植业管理司农药管理处调研员黄辉、中国农业科学院饲料研究所研究员李俊，以及宜宾市畜牧水产局局长罗才源、市农业局副局

长肖平、市畜牧水产局副局长冯应胜及相关部门负责人参加调研。

农业部到彭州督导检查2016年农产品质量安全专项整治工作

（来源：成都市人民政府）

2016年12月7日，以农业部种植业管理司副司长陈友权为组长，农业部种植业管理司农药管理处调研员黄辉、中国农业科学院饲料研究所研究员李俊为成员的

农业部2016年农产品质量安全专项整治工作督导检查组到彭州督导检查农产品质量安全专项整治工作进展和执行情况。

督导检查组到彭州市濛阳经济区供销社九尺农资经营店、彭州市凤霞蔬菜产销专业合作社、四川欣康绿食品有限公司、彭州市全方禽业发展有限公司、四川润兆渔业有限公司、彭州市信达农业发展有限公司等地方检查了农业投入品经营、标准化生产基地建设、生猪屠宰、畜禽养殖、水产养殖和奶站监管等情况后，听取了彭州市委常委、政法委书记刘城对彭州市农产品质量安全和农业投入品监管情况的汇报。

督导检查组对彭州市在农产品质量安全和农业投入品监管中积极推行农业标准化生产，严格农业投入品、产地环境、畜禽屠宰、奶站等监督管理，在全省率先探索实施农药条码销售模式感到非常满意。最后，陈友权副司长提出了三点要求：一是进一步加强农业生产资料管理，积极探索废旧农资包装袋回收试点工作；二是进一步加强农产品生产过程监管；三是进一步加强农产品市场管理，把好农产品运输关、储藏关、检测关。

四川省农业厅总经济师肖小余，成都市农委党组成员、执法总队

长蒋德阳，彭州市委常委、政法委书记刘城，市政府党组成员徐芮鑫及彭州市农发局、彭州市畜牧局、彭州市供销联社相关领导陪同检查。（督查组深入成都市彭州市，宜宾市翠屏区、宜宾县、长宁县实地督查）

17．2016年12月5日，赴浙江省组织举办全国农药减量控害技术培训班。

植保植检助力农药减量控害成效显著

（来源：农民日报）

12月5—6日，农业部在浙江省杭州市举办全国农药减量控害技术培训班，各省（区、市）植保站主要负责同志就新形势下进一步推进农药使用量零增长行动，学习新理念、新技术，交流经验、谋划下一步工作……

农业部种植业管理司副司长陈友权表示，2017年植保植检工作要牢固树立绿色发展新理念，紧紧围绕"一控两减三基本"总体部署和要求，切实搞好农作物病虫疫情监测防控，深入推进"到2020年农药使用量零增长行动"。一是以《农药管理条例》修订实施为契机，切实增强农药行政管理的技术支撑职能，积极承担并履行好农药行政管理的专业性、技术性、支撑性、服务性工作。二是以绿色发展为引领，重点建立果菜茶病虫害全程绿色防控示范区，开展病虫害全程绿色防控示范，实现病虫害绿色防控替代化学防治；建立大田作物病虫专业化统防统治与绿色防控融合示范区，推广绿色防控技术措施，减少化学农药的使用次数和剂量；建立蜜蜂授粉与绿色防控示范区，试验研究蜜蜂授粉的增产、增收效果和机理，集成示范蜜蜂授粉与病虫害绿色防控的综合技术模式。三是以农业供给侧结构性改革为主线，及早动员部署、强化监测预警、狠抓统防统治、加强督导检查、搞好信息宣传，有针对性地做好重大病虫疫情监测防控。

18. 2016年11月25日，赴江苏省参加第三十二届中国植保信息交流暨农药械交易会。

第三十二届中国植保双交会盛大开幕

（来源：农药快讯信息网）

11月25日上午9时整，"第三十二届中国植保信息交流暨农药械交易会"（简称"中国植保双交会"）在南京国际博览中心盛大开幕。开幕式由全国农业技术推广服务中心主任陈生斗主持。出席开幕式的有：农业部种植业管理司副司长陈友权，农业部市场与经济信息司副司长陈萍，中国工程院院士、贵州大学副校长宋宝安，全国农业技术推广服务中心主任陈生斗，全国农业技术推广服务中心党委书记杭大鹏，江苏省农业委员会副主任张坚勇，南京市人民政府会展业办公室主任尹文，全国农业技术推广服务中心副主任钟天润等；开幕式冠名单位江苏克胜集团股份有限公司、特邀协办单位北京明德立达农业科技有限公司、信息发布会冠名单位江苏好收成韦恩农化股份有限公司以及5家协办单位的领导也出席了开幕式；来自全国各省（市、区）植保部门的代表及海内外客商万余人共同见证了这一激动人心的时刻。

农业部种植业管理司副司长陈友权发表重要讲话，他说，今年是"十三五"开局之年，农业继续保持平稳增长态势，农业供给侧结构性改革

稳步推进。全年粮食总产稳中略减,农民收入较快增长,农业发展方式转变取得积极进展,农药使用量零增长行动成效显著,主要表现在3个方面。①专业化服务组织迅速发展,实现土地扭转恢复平稳,符合农村劳动力转移的新形势新要求。②高效现代施药器械大量推广应用,目前全国大中型施药器械达到27.8万台,比上年增加1.4万台。③共建示范基地成为新型活动平台,农业部推动农企合作,共建以统防统治和绿色防控融合的示范基地,开展大规模的农资技术集成全程服务,越来越多的农药企业、药械企业积极响应和参与。陈副司长指出,当前我国耕地、水资源、废旧农膜利用率低等,这些问题依然是影响我国农业国际竞争力和可持续发展的主要因素。为此,我们提出2017年重点工作要以"创新、协调、绿色、开放、共享"的发展理念为统领,以结构调整为重点,以绿色发展为榜样,以改革创新为动力,力争实现一稳定二深入三提升。也就是稳定粮食生产;深入推进种植业结构调整,深入推进化肥农药减量增效;提升质量效益,提升产业竞争力,提升绿色发展能力。

在激扬的音乐声中,应陈生斗主任的邀请,陈友权副司长、陈萍副司长、张坚勇副主任、尹文主任和陈生斗主任共同按下了置于主席台中央的水晶球,拉开了本届"中国植保双交会"的帷幕。

19. 2016年10月25日,赴上海市参加第十六届全国农药交流会主题大会。

第十六届全国农药交流会在沪召开,探讨新形势下产业发展

(来源:好农资招商网)

第十六届全国农药交流会主题大会在上海召开,此次交流会围绕

"助力农药供给侧改革,加快行业兼并重组"的主题,关注行业新法规的颁布与实施,聚焦我国农药工业转型升级和技术创新、清洁生产技术与责任关怀;追踪跨国公司发展战略调整及全球农药市场现状分析等热点话题,引导企业在创新能力薄弱、行业利润下滑的背景下深挖潜力,打造中国"智造"升级的新优势。

原化工部副部长、中国石化联合会三届理事会会长李勇武,工业和信息化部原材料司副司长潘爱华,农业部种植业管理司副司长陈友权,中国石化联合会副会长傅向升,农业部农药检定所所长周普国,中国农药工业协会会长孙叔宝等领导出席会议并分别致辞,中国农药工业协会名誉会长罗海章、江苏扬农化工股份有限公司董事长周其奎等领导和行业知名企业家出席会议,来自全国各地的业内人士共计400多人参会。

陈友权从3个方向阐述了扎实推进农药供给侧结构性改革的重要性。一是充分认识推进农药供给侧结构性改革的必要性,要适应农业供给侧结构性改革的迫切需要,去除低端无效产能的迫切需要,优化资源要素配置的迫切需要,促进产业结构转型升级的迫切需要。二是明确供给侧改革的主要任务,关键在于4个提升,即提升科技创新能力、提升市场占有率、提升资源利用率、提升国际竞争力。三是合理推进供给侧改革的主要措施,包括完善法规、加强政策扶持、深化改革、示范带动。

20. 2016年8月14日,赴华中农业大学出席亚太地区国家生物农药登记培训班。

FAO亚太地区国家生物农药登记培训班在湖北武汉举办

(来源:中国农药信息网)

8月14—19日,由联合国粮农组织(FAO)亚太地区办事处和亚太地区植保委员会主办,农业部农药检定所承办的"亚太地区国家生物农药登记培训班"在湖北武汉成功举办。本次培训班的主要目的

是提高亚太地区发展中国家生物农药管理水平，推动本地区生物农药登记管理政策协调一致。FAO亚太地区植保委员会秘书长朴永范主持了培训班开班式，农业部种植业管理司副司长陈友权、农业部农药检定所所长周普国、湖北省农业厅副厅长王红玲等出席开班式并致辞。来自印度、泰国、马来西亚等15个国家的17位政府代表参加了培训……

21. 2016年5月26日，参加中国农资流通协会会议。

中国农资流通协会第五次会员代表大会
暨五届一次理事会议在京召开

（来源：中国供销合作网）

5月26日，中国农业生产资料流通协会第五次会员代表大会暨五届一次理事会议在北京召开。

中华全国供销合作总社党组书记、理事会主任王侠出席会议并讲话，全国政协委员、中国农资流通协会会长顾国新作第四届理事会工作报告，中华全国供销合作总社党组成员、理事会副主任杨建平代表新一届理事会讲话，国家发改委经济贸易司副司长朱东方、农业部种植业管理司副巡视员陈友权分别致辞。中华全国供销合作总社党组成员、经济发展与改革部部长侯顺利，有关部局和主管社团负责人以及民政部、国家工商总局、中国科学院、中国农业发展银行等部门的有关负责人出席会议。来自全国各地的协会会员代表近200人参加了会议。

22．2016年4月21日，担任农业部第二届国家农药残留标准审评委员会委员。

农业部关于成立第二届国家农药残留标准审评委员会的通知

（来源：四川省律师协会）

国家卫生和计划生育委员会、国家质量监督检验检疫总局、国家食品药品监管管理总局，各省、自治区、直辖市农业（农牧、农村经济）厅（委、局）：

根据《食品安全法》《农产品质量安全法》和《农药管理条例》有关规定，我部于2010年组建了第一届国家农药残留标准审评委员会（食品安全国家标准审评委员会农药残留专业分委员会），届期已满。经有关部门和单位推荐，我部遴选产生了第二届国家农药残留标准审评委员会委员（60名），并向社会进行了公示。本届委员会由主任委员、副主任委员、秘书长、副秘书长、专家委员和单位委员组成，下设残留化学、毒理学、分析方法3个工作组，主要负责审评农药残留国家标准，审议农药残留国家标准制修订计划和长期规划，提出实施农药残留标准工作政策和技术措施的建议，对农药残留国家标准相关的重大问题提供咨询等工作。

附件：第二届国家农药残留标准审评委员会名单

主任委员

曾衍德　农业部种植业管理司　司长

副主任委员

周普国　农业部农药检定所　所长

陈友权　农业部种植业管理司　副巡视员

……

23. 2015年12月28日，参加农业部农药检定所"三严三实"专题教育研讨会议。

践行"三严三实"，实施回避制度

（来源：中国农药信息网）

12月28日，农业部农药检定所召开2015年第四次理论中心组集中学习暨"三严三实"专题教育第三专题研讨会议。会议决定实施《农业部农药检定所职工农药登记回避制度》（以下简称"回避制度"）。中央纪委、监察部驻农业部纪检组副组长、监察局局长蔡晓，农业部种植业管理司副巡视员陈友权到会指导。会议由隋鹏飞所长主持。农药检定所党委刘永泉书记、刘杰民组长、严端祥副所长、刘学副所长、季颖总农艺师，以及副处以上干部和在聘研究员共30余人参加会议……

陈友权副巡视员指出，实施回避制度是药检所党委和领导班子加强党风廉政建设、防范廉政风险的重大举措，种植业管理司坚定支持所里实施该项制度，在强化提醒督促的同时，司里有关处室和人员将

参照执行，严格落实回避制度……

24. 2015年11月22日，赴安徽省参加第三十一届中国植保双交会。

第三十一届中国植保信息交流暨农药械交易会在合肥盛大开幕

（来源：农药快讯信息网）

第三十一届中国植保信息交流暨农药械交易会（简称"中国植保双交会"）于11月22日上午9时整在合肥滨湖国际会展中心盛大开幕。开幕式由全国农业技术推广服务中心主任陈生斗主持。出席开幕式的有：农业部种植业管理司副巡视员陈友权、安徽省农业委员会主任孙正东、农业部农药检定所所长隋鹏飞、合肥市委常委、合肥市人民政府副市长江洪、农业部市场与经济信息司副司长徐钦恒、中国绿色食品发展中心副主任陈兆云、全国农业技术推广服务中心副主任钟天润、安徽省农业委员会副主任王华等；开幕式冠名单位江苏克胜集团

股份有限公司、特邀协办单位安徽丰乐农化有限责任公司、信息发布会冠名单位陶氏益农农业科技（中国）有限公司以及5家协办单位的领导也出席了开幕式；来自全国31个省（市、区）植保部门的代表及海内外客商万余人共同见证了这一激动人心的时刻。

农业部种植业管理司副巡视员陈友权首先发表重要讲话，他说，2015年是"十二五"收官之年，也是"十三五"谋划之年，今年我国粮食生产在高起点高基数的基础上再获丰收，这一成绩来之不易，得益于党中央高度重视"三农"工作，得益于各级农业部门坚决贯彻中央的决策部署，不断创新工作方式，也是全国植保农业系统和亿万农民攻坚克难、抗灾减灾的结果。今年初，农业部制定了到2020年农药使用量零增长行动方案，明确提出了农药减量使用的总体思路、目标任务和主要措施，对促进全国农药科学安全使用和农业有害生物的防控具有重要的指导作用。陈友权强调，我们一定要下大力气全面推进农药的减量控害，全面提升重大病虫的防治用药水平，为发展现代农业，实现全面进入小康社会的宏伟目标作出新的、更大的贡献。

25．2015年12月16日，在北京市参加国家农药残留标准审评会议。

多项农药残留标准近日通过农业部审议

（来源：阿仪网）

2015年12月16—17日，国家农药残留标准审评委员会第十三次全体会议在北京召开……

会议审议通过了新制定的《食品中2，4-滴二甲铵盐等89种农药120项最大残留限量标准》和《转化CAC的101种农药962项最大残留限量标准》；审议通过了新制定限量标准中涉及的检测方法和整合保留的108项检测方法国家标准。

本次会议是第一届国家农药残留标准审评委员会最后一次会议。

陈友权副司长及部监管局标准处董洪岩处长讲话中充分肯定委员会成立5年多来，所做的大量工作，取得了显著成效：一是制定了农药残留标准审评技术规范，以农业部公告形式颁布实施《食品中农药残留风险评估应用指南》《食品中农药最大残留限量制定指南》等6个技术规范，进一步完善了农药残留标准制定程序和原则；二是加快了农药残留标准制定速度。本届委员会共审议通过了5200多项限量标准，较2009年870项农药残留标准增加了5倍，形成了正式、临时、豁免物质等配套的标准体系；三是清理完成了老旧标准，2012年完成了对2009年前颁布实施食品中农药残留限量标准清理，2015年完成了413项检测方法标准清理，废除了110多项重复老旧的方法标准，形成了限量标准配套的检测方法体系；四是编制《加快完善我国农药残留标准体系的工作方案》，提出到2020年农药残留标准达到10000项，实现生产有标可依、产品有标可检、执法有标可判的目标。

26. 2015年11月1日，在北京市参加农一网成立一周年庆典。

农一网2015年度工作总结大会在北京召开

（来源：世界农化网）

2015年11月1日，农一网成立一周年庆典在北京钓鱼台国宾馆隆重举行。农业部种植业管理司副司长陈友权、全国农业技术推广服务中心主任陈生斗等领导、业内知名人士和专家，以及来自全国近千名农一网工作者一起参加了庆典。

27. 2015年10月27日，赴上海市参加第十五届全国农药交流会扬农论坛。

农业部：逐步淘汰高毒农药 力推农药零增长

（来源：世界农化网）

在昨日举办的第十五届全国农药交流会扬农论坛上，农业部种植业管理司副巡视员陈友权指出，到2020年农药使用零增长目标的配套方案正在落实推进。到2020年农药零增长行动的主要任务是：绿色防控覆盖率达30%以上，统防统治覆盖率达40%以上，农药有效利用率达40%以上……

陈友权指出，在2020年之前，要引导农药结构调整，研究不同种类农药使用量发展趋势；推广现代施药机械；发展防治专业服务，扶持发展病虫害防治专业服务组织；创新绿色防控推广机制，农企合作共建示范基地。

2013年，我国农药总用量达183万吨，单位面积农药用量是美国的2.3倍，是欧盟的2倍，其中杀虫剂的单位面积用量是美国的14.7倍，控制农药使用总量势在必行。目前每年农药使用增量最大的是除草剂，占市场的65.4%，杀菌剂占23.5%。

28. 2015年9月17日，赴广西壮族自治区参加第八届中国农药高层论坛。

第八届中国农药高层论坛在柳州举办

（来源：广西农业信息网）

9月17—18日，由中国农药发展与应用协会主办的第八届中国农药高层论坛在柳州顺利举办。本次论坛的主题为"新常态、新作为、新展望"。出席论坛的领导和专家就农药管理新政策、植保管理工作新要求作了深入解读，探讨"一带一路""互联网+"等政策对中国农药行业的深远影响。国务院参事、中国农药发展与应用协会会长刘坚出席论坛并做讲话。农业部种植业管理司副司长陈友权、农业部市场与信息司副司长王小兵、农业部农药检定所总农艺师季颖等出席论坛并做主旨报告。自治区农业厅总农艺师王凯学出席论坛并致辞。来自农业部相关部门领导，各省农药检定管理机构、国内外农药生产企业等单位代表共400多人参加了本次论坛。

陈友权副司长在报告中就农药管理体制改革、农药登记试验管理改革、推进小宗作物用药登记、加强高毒农药淘汰监管、建立老旧农药退出机制、推进农药零增长行动等六个方面工作做了全面、深入的阐述。

29. 2015年5月28日，赴云南省参加中国农药工业协会会议。

中国农药工业协会第九届四次理事会在昆明召开

（来源：知网空间）

5月28日，中国农药工业协会九届四次理事会在昆明召开。中国农药工业协会会长孙叔宝、农业部种植业管理司副司长陈友权、农业部科技发展中心研究员叶纪明等有关领导出席开幕式并讲话。孙叔宝会长回顾了在2014年间，中国农药工业协会自始至终做好为会员、为行业服务工作，在圆满完成协会各项既定目标的同时，还开创性地在一些领域进行了探索。孙会长表示，2014年，协会不断推动社会责任关怀工作，加快行业责任关怀体系。

30. 2015年3月31日，赴重庆市参加全国农药检定所所长工作会议。

省农药管理局参加全国农药检定所所长工作会议

（来源：江西省农业农村厅）

3月31日—4月1日，农业部农药检定所在重庆市召开全国农药检定所所长工作会议……

农业部种植业管理司副司长陈友权强调在新常态下，今年农药管理整点抓好5方面工作：一是规范农药登记试验单位管理；二是强化省级初审职能；三是完善分段管理模式，成立审评专家组；四是建立小宗作物登记的激励机制；五是建立农药产品可追溯系统……

31. 2015年1月14日,赴江苏省参加中国农药发展与应用协会工作会议。

中国农药发展与应用协会2015年工作会议在江苏建湖召开

[来源:《南方农药》(2015年)]

2015年元月14—15日,中国农药发展与应用协会2015年工作会议在江苏建湖九龙国际大酒店召开。国务院参事、中国农药发展与应用协会会长刘坚,农业部种植业管理司副司长陈友权,农业部农药检定所刘学,农业部农产品质量安全监督检验中心副主任顾宝根,中国农药发展与应用协会常务副会长查显才,各省农药检定所领导,以及克胜、红太阳、威远、辉丰、中农立华、常隆等协会副会长单位出席会议。

32. 2014年12月29日,赴浙江省参加农药行业形势分析会。

用信息化思维改造和提升农药管理与服务

(来源:中国农药网)

12月29日,农业部农药检定所在浙江温州召开了农药行业形势分析会,共商农药行业发展之策。农业部农药检定所所长隋鹏飞、农业部种植业管理司副司长陈友权出席会议并讲话,隋鹏飞所长强调要用信息化思维改造和提升农药管理与服务……

农业部种植业管理司李文星处长、浙江省农药检定管理所所长王华弟到会指导。农业部农药检定所副所长魏启文主持会议,总农艺师季颖做会议总结。来自全国省级农药检定机构和部分农药企业共50位专家、代表参加了会议。

33. 2014 年 10 月 18 日，赴河北省组织举办全国农药管理培训班。

农业部种植业管理司在石家庄举办全国农药管理培训班
（来源：金农网）

10 月 18 日，农业部种植业管理司在河北省石家庄举办农药管理培训班。培训内容是农药监管相关法律制度与执法管理实践、农药监管形势、任务与对策、高毒农药可追溯体系相关软件与操作等。农业部种植业管理司副司长陈友权、农药检定所党委副书记刘杰民出席培训班并作重要讲话。农业部种植业管理司农药管理处处长李文星、调研员黄辉，农业部政策法规司立法协调处处长李迎宾，农业部农药检定所监督处副处长孙艳萍及有关专家，河北省农药检定所所长罗胜军等各省（区、市）农药监管和农业综合执法部门负责人，以及山东等 5 省农业部高毒农药定点经营示范县农业局项目承担人员 100 人左右参加培训。

农业部种植业管理司副司长陈友权在培训班对全国高毒农药定点经营示范县建设提出了具体要求，要求各省加快项目建设进度，年底农业部将对各省项目落实情况进行评估，要确保项目专款专用，对挪用项目经费影响项目建设的有关单位和个人实行责任追究。

34. 2014 年 5 月 24—28 日，赴山东省调研高毒农药定点经营工作，参加 2014 生物农药发展与应用交流大会。

农业部种植业管理司到沂南县调研高毒农药定点经营
（来源：齐鲁网·临沂）

近日，农业部种植业管理司副巡视员陈友权带领调研组，对沂南县高毒农药定点经营示范门店创建等高毒农药定点经营管理工作进行调研……

就抓好高毒农药定点经营管理的下一步工作，陈友权提出三点要求。一是要借助山东沂南高毒农药定点经营管理试点工作,督促高毒农药经营单位建立健全进货查验、经销台账、实名购药等制度,实行可追溯管理,建立定点经营责任制和动态监管机制。二是要在蔬菜优势区重点县推行高毒农药定点经营管理试点工作,待积累经验后再逐渐扩大。再加快推进高毒农药定点经营管理试点工作,鼓励有条件的地区,在做好蔬菜高毒农药定点经营工作的基础上,向水果、茶叶等其他园艺作物优势区延伸和拓展。三是要抓好农药质量监管,规范农药经营行为,确保高毒农药定点经营管理工作向经营单位核定规范化、购买农药实名化、流向记录信息化、定点管理动态化的"四化"方向发展,努力实现高毒农药销售100%信息可查询、100%流向可跟踪、100%质量有保证。

调研期间,山东省药检所所长杨理健、临沂市农委副主任周绪元、县政府党组成员刘长安等陪同调研。

农业部领导到肥城市检查指导高毒农药定点经营项目

(来源:齐鲁网·泰安)

日前,农业部种植业管理司副巡视员陈友权、农药处处长黄辉在山东省农药检定所所长杨理健陪同下,到肥城市检查指导高毒农药定点经营项目实施情况。

农业部自今年起在山东等5个省实施高毒农药定点经营示范项目,肥城市是山东省5个项目实施县之一,主要是通过高毒农药定点经营,溯源管理,进一步规范高毒农药的经营和使用,保障农产品质量安全。陈友权一行在听取了肥城市项目实施情况汇报后,到高毒农药定点经营单位进行了实地检查,对肥城市项目实施提出了宝贵意见。

2014生物农药发展与应用交流大会在潍坊成功举办

(来源:永安化工)

2014年5月25—26日,由中国农药发展与应用协会主办的2014生物农药发展与应用交流大会在山东潍坊举办。国务院参事、中国农药发展与应用协会会长刘坚,农业部种植业管理司副司长陈友权,山东省农业厅副厅长邵国君，农业部药检所总农艺师季颖，全国农业技术推广服务中心处长邵振润等农药管理部门的相关领导与250多位产学研以及推广应用等机构负责人参加了会议。

农业部种植业管理司副司长陈友权介绍道，农业部采取了一系列措施，加速低毒生物农药的推广应用。今年，农业部将低毒生物农药使用补助示范项目实施范围扩大到13个省16个县，并相应增加补助资金，同时大力推进农作物病虫害绿色防控与统防统治相融合，鼓励在病虫害统防统治中使用低毒化学农药和生物农药。通过这些措施的逐步落实、完善巩固和强化，生物农药研发登记的品种会越来越多，推广应用的面积会逐步扩大，在农业生产中的作用会越来越突出。

中国农药发展与应用协会信息传播工作委员会工作会议在潍坊召开

（来源：《营销界·农资与市场》2014年12期）

5月24日，中国农药发展与应用协会信息传播工作委员会工作会议在潍坊富华大酒店举办。农业部种植业管理司副司长陈友权、农业部种植业管理司农药管理处处长黄辉、农业部农药检定所药效审评处副处长袁善奎出席了本次会议并做了重要讲话。

35. 2013年11月27日—12月2日，赴湖北省督查农产品质量安全监管工作。

农业部督查我市农产品安全

（来源：宜都市人民政府）

由农业部种植业管理司副巡视员陈友权带队的农产品质量安全专项整治督查组，近日到宜都市检查督导农产品质量安全监管工作开展情况，宜都市委副书记张白华陪同并参加汇报会。

检查组先后到天峡鲟业有限公司、佳宏农牧有限公司、土老憨集团柑橘生产基地以及检测中心实地调研，了解农产品畜产品生产经营、质量安全监测、种（养）殖场整治等情况。听取了我市农资打假专项整治、农药和农药使用专项整治、水产品禁用药物和有毒有害物质专项整治、"瘦肉精"和兽用抗菌药物专项整治等工作汇报，认为我市农产品监管工作领导重视、监管得力、行动迅速，有效保障农产品质量安全。

农业部督导组检查我市农产品质量安全专项整治工作
（来源：天门网）

11月27日，农业部种植业管理司副巡视员陈友权带领督查组到天门市检查农产品质量安全工作。湖北省农业厅副巡视员耿显连、湖北省农产品质量安全监管办公室主任王盛桥、天门市副市长雷华等陪同。

督导检查组先后检查了鑫天农业发展有限公司、湖北健康天升畜牧有限公司等企业的农产品质量安全工作。在随后的座谈会上，雷华介绍了天门市2013年农产品质量安全专项整治工作情况，市农业局、水产局、畜牧兽医局等单位负责人提出了农产品质量安全工作建议。

督查组对我市农产品质量安全专项整治工作给予了充分肯定。督查组要求，要将农产品质量安全专项整治活动常态化、制度化，建立健全农产品质量安全检测和监管长效机制；要加强农产品生产源头监控，推动农产品质量安全示范点建设，抓好标准化生产示范基地建设，做大做强一批名牌农产品；要加强农产品例行监测，全面提升检验监测水平；要继续推进农产品产地准出和市场准入制度建设，决不让不合格产品进入市场；要加大执法查处力度，进一步完善相关制度，切实保障农产品质量安全，维护广大消费者的合法权益。

36. 2007年4月12日，部署农药管理工作。

农业部今年植保工作狠抓农药制度建设和市场监管
（来源：中国政府网）

农业部种植业管理司植保植检处陈友权处长称，"为进一步提升我国农产品质量安全水平，农业部拟通过修订《农药管理条例》，完善农药登记管理制度，加强农药安全性试验和评估，并争取建立普通农药经营备案和高毒农药特许经营制度，从源头上规范农药市场。"

从今年1月1日开始，甲胺磷等5种高毒农药被禁止销售和使用，成为今后市场监管的重点。在今年农药销售的关键季节，农业部将开展对农药市场的监督抽查。狠抓农药制度建设与市场监管是农业部今年植保工作上主抓的5个重点之一……

六、狠抓农作物病虫草害防治工作

1. 2017年8月4日，在北京市考察果蔬病虫害绿色防控技术。

农业部种植业管理司陈友权副司长一行
到我所核心示范基地调研指导工作

（来源：北京市农林科学院植物保护环境保护研究所）

8月4日下午，农业部种植业管理司副司长陈友权一行到我所核心实验基地（诺亚有机农庄）开展果蔬病虫害绿色防控技术调研。

陈友权副司长首先听取了燕继晔所长、王甦博士、诺亚有机农庄张晓鸣董事长的工作汇报，随后参观并了解了植环所生防菌田间示范、葡萄病虫害绿色防控技术示范、黄瓜病虫害绿色防控技术示范、天敌生产迷你配套工厂、温室棚间天敌增殖景观植被区、蔬菜害虫二次繁育生产车间和蜜蜂授粉技术等，还了解了植环所新创制的生物农药产品、天敌昆虫产品等。

陈副司长高度肯定了我所取得的科研成果和科技创新精神。强调与企业合作既符合企业需求，又为科研单位的成果落地提供了很好的展示平台，所形成的科研成果特别接地气，科研成果转化成好的产品最终惠及老百姓。农场提供的绿色防控整体解决方案，具备成为可复制、可推广的模式。农业部种植业管理司将在政策上给予大力支持，希望成果能在京津冀地区甚至华北地区大面积推广。农业部种植业管理司植保植检处宁鸣辉处长、王建强副处长，我院王之岭院长，植环所燕继晔所长、郭晓军书记、王守现副所长以及张帆研究员、李兴红研究员等陪同调研。

2. 2017年7月26—28日，赴四川省组织召开全国农作物病虫害绿色防控工作现场会。

农业部种植业管理司副司长陈友权调研绵阳市农业绿色发展情况

（来源：中国农业信息网）

2017年7月26—27日，农业部种植业管理司副司长陈友权先后深入梓潼县和江油市的乡镇村社调研我市农业绿色发展情况。农业部种植业管理司调研员王建强、四川省农业厅植物保护站站长尹勇、绵阳市农业局总农艺师任彪和江油市人民政府副市长李海陪同调研。

陈友权在梓潼县三泉乡泉源农场调研"种养结合、生态循环"种植模式，察看了长卿镇鑫宇农资门市的农药经营现状。他高度评价了梓潼农业绿色发展模式，肯定了农药销售点摆放"农药包装废弃物回收桶"的做法，希望探索科学的回收办法和有效的技术措施。

陈友权在江油市调研中，先后到大堰镇贫困村集贤村幸福明天种养殖合作社、新安镇生态农业公园进行了调研，查看了稻鸭共育、色板、杀虫灯、性诱食诱等绿色控害设施在水稻、果蔬生产上的应用情况，他鼓励集贤村继续通过发展稻鸭共育绿色防控措施，有效促进传统农业提质增效和脱贫致富的有机结合，赞赏生态农业公园种植的葡萄、猕猴桃、枇杷等水果蔬菜产品已获得有机转换产品认证证书，希望再接再厉获得正式的有机产品认证证书，对江油市绿色防控技术推广效果给予充分肯定。他顶着烈日，沿着机耕道查看新安镇金瓜岭村制种水稻生产，与金瓜岭村两委及村民座谈，认真倾听他们的心声。他说绵阳市是国家级杂交水稻制种基地，江油市是国家县级杂交水稻制种基地，应该把水稻制种基地建设好，为国家提供质优、价好和量足的水稻种子，为国家粮食安全做贡献，建议金瓜岭村委与正禾农业开发有限公司合作，把村上的发展融入"江油市新安镇生态农业公园"里。他决定把金瓜岭村作为他的基层联系点，每年都来调研一次。

在调研座谈会上，陈友权表示调研时间虽然短暂，却收获颇丰。他说，绵阳市政府高度重视农业绿色发展，"政府主导、企业主体"运作模式推动了专业化统防与绿防的高度融合，农业增产、农民增收，企业收益高，农田生态效益显著；落实农药零增长行动扎实，"农药包装废弃物回收桶"办法好，减少了面源污染；绿色农业与脱贫致富高度融合，贫困户使用绿色防控技术后脱贫致富。他希望绵阳继续探索绿色防控技术与现代农业融合模式，促进农业可持续发展。

农业部种植业管理司陈友权赴江油调研绿色防控工作

（来源：四川新闻网）

2017年7月28日，农业部种植业管理司副司长陈友权一行前来江油大堰镇集贤村调研绿色防控工作。

陈副司长一行实地考察了集贤村"幸福明天种养殖合作社"稻鸭共育基地，仔细询问稻鸭共育发展规模、生产经营模式、带动贫困农户增收等情况，并对大堰镇综合运用农业、物理、生态等非化学防控措施及生物农药技术，开展绿色防控工作，特别是1000亩稻鸭共育采取"公司＋基地＋农户"的模式给予了充分肯定。

全国超5亿亩农作物应用绿色防控技术

（来源：中华人民共和国中央人民政府）

据农业部最新统计，全国主要农作物绿色防控技术应用面积已超过5亿亩，为农药使用量连续两年实现负增长发挥了重要作用。

绿色防控是指采取生态调控、生物防治、物理防治和科学用药等环境友好型措施控制农作物病虫危害的措施。

农业部种植业管理司副司长陈友权日前在四川绵阳市召开的全国农作物病虫害绿色防控工作现场会上说，绿色防控有效保障了农产品质量安全，促进了农药科学使用，实现了经济、社会和生态等综合效益。四川、江苏、北京等省（市）的实践表明，采用绿色防控、综合防治技术，减少了30%左右的农药使用量。

陈友权表示，农业部已确定，把推进病虫害绿色防控作为促进农业绿色发展的重要内容，切实抓好全国150个果菜茶全程绿色试点县区市和600个绿色防控与统防统治融合示范基地，积累经验，加快推广。同时，推进农科教企结合，加快研发绿色防控新产品、新技术，集成一批特色更明显、针对性更强、操作更简便的绿色防控技术模式。

全国农业技术中心召开2017年全国农作物病虫害绿色防控现场会

（来源：重庆市种子植保信息网）

2017年7月26—27日，全国农业技术推广服务中心在四川省绵阳市召开了2017年全国农作物病虫害绿色防控现场会。各省（区、市）植保（植检、农技）站（局、中心）负责人（粮食主产省植保站主要负责人）、有关省防治科科长参加会议，农业部种植业管理司副司长陈友权到会部署相关工作……

陈友权副司长在讲话中指出，绿色防控是植保贯彻绿色发展新理念的重要体现，是适应农业供给侧结构性改革的内在要求，是可持续保障农业生产安全的重要手段，是保障农产品质量安全的必然需要。近年来，各地绿色防控工作发展迅速，已成为农作物重大病虫害防控的突出亮点。当前绿色防控发展已进入关键期，要牢牢把握发展趋势和规律，强化绿色防控与国家产业政策和项目扶持的紧密结合，与科技创新和推广应用的紧密结合，与市场推动和品牌创建的紧密结合，与专业化统防统治的紧密结合；在扶持发展病虫防治服务组织、抓好绿色防控技术体系集成创新、组织规模化专业化生产、完善市场化推广机制等方面下功夫。

陈友权副司长要求，各地要高度重视秋粮重大病虫防控工作，因地制宜完善防控方案，加强组织发动，加力监测预警，推广绿色技术，落实防控责任，强化督查指导，努力夺取秋粮丰产丰收。

3. 2017 年 6 月 12 日，赴海南省参加全国农区蝗虫绿色防控现场会。

全国农区蝗虫绿色防控现场会在东方市召开

（来源：农资商网）

为进一步推进落实蝗虫可持续治理规划，布置今年蝗虫防控工作，6 月 12—14 日，由全国农业技术推广服务中心主办，海南省植物保护总站协办的全国农区蝗虫绿色防控工作现场会在东方市召开。农业部种植业管理司副司长陈友权、全国农业技术推广服务中心党委书记魏启文、海南省农业厅副厅长王宏良、中国热带农业科学院副院长朱恩林、全国农业推广服务中心病虫害防治处处长杨普云、东方市人民政府副市长张亚博，中国科学院、中国农业大学专家教授，海南省植保总站以及来自全国蝗区植保站负责人，东方市农技中心、北京阳光绿维农业科技有限公司、成都绿金高新技术股份有限公司、海南农飞客农业科技有限公司代表，共计 60 余人参加会议。……

海南省农业厅副厅长王宏良作会议致辞，就海南省自然环境、气候特点以及蝗虫发生与防控工作进行介绍。农业部种植业管理司陈友权副司长作重要讲话，强调指出，目前我国防蝗治蝗整体工作取得了较大进展和突破，但是依然存在诸多问题。在蝗灾持续轻发的情况下，要继续做好基础性工作，不能产生麻痹思想。各地要再接再厉，按照《全国农区 2017 年蝗虫可持续治理工作要点》要求，认真做好今年蝗灾防控工作，要加强治蝗信息调度，做好蝗情监测预警，抓好治蝗值班、蝗情信息报送等制度的落实。同时做好治蝗资金和物资准备，包括有关飞机调度、防控药剂采购、购买防控服务、技术培训以及后勤保障等工作……

4. 2017 年 5 月 13 日，赴天津市参加设施蔬菜病虫害生物防治技术示范现场观摩会。

植保所利用生物防治技术防控设施蔬菜病虫害取得明显成效

（来源：中国农业科学院植物保护研究所）

2017 年 5 月 13 日，中国农业科学院植物保护研究所生物防治研究团队在天津蔬菜示范基地组织召开了设施蔬菜病虫害生物防治技术示范现场观摩会，集中展示天敌昆虫、微生物农药、熊蜂授粉等生防技术的集成示范效果。中国农业科学院副院长吴孔明、农业部种植业管理司副司长陈友权、全国农业技术推广服务中心首席科学家张跃进、中国农业科学院植物保护研究所所长周雪平、天津市农委副主任毛科军、天津农学院副院长赵辉出席并讲话。植保所党委书记张步江主持会议……

陈友权对此次设施蔬菜病虫害生物防治技术集成示范活动给予充分肯定。他说，中国农业科学院植物保护研究所与天津科研院所、农业生产企业合作，构建了绿色防控增产增效综合技术模式，对促进现代农业发展具有重要意义。他强调，研发推广绿色防控增产增效技术势在必行，是贯彻现代农业新发展理念的必要措施，是美丽中国、美丽乡村、生态文明建设的重要抓手。就推进生防技术的推广应用，陈友权要求，将相关技术组装到国家农业的"统防统治"体系中，扩大应用规模，增强企业积极性；针对特定作物的重点病虫害，有序合理地组装相应的有效技术，避免技术简单堆砌；做好与国家主推的"蜜蜂授粉"技术的有机融合；加强联合攻关，整合资源，不断完善和孵化技术模式，大规模示范，形成产品品牌；因地制宜，形成区域差异化的模式，在适宜地区可复制可推广，走出天津，走向全国……

5. 2017年5月11日，赴江苏省扬州市（国家小麦改良中心扬州分中心）调研小麦赤霉病抗病育种工作。

农业部种植业管理司考察赤霉病鉴定工作

（来源：小麦遗传育种重点实验室）

2017年5月11日，农业部种植业管理司副司长陈友权，全国农业技术推广服务中心书记魏启文、副处长朱景全，中国农业科学院周益林研究员、刘太国研究员等一行6人来分中心基地考察指导小麦赤霉病鉴定工作。

6. 2017年4月22日，赴安徽省组织召开全国小麦重大病虫防控现场会。

全国小麦重大病虫防控现场会在安徽召开

（来源：中国农业信息网）

近日，全国小麦重大病虫防控现场会在安徽省召开，研判小麦中后期病虫发生趋势，部署以赤霉病为重点的防控工作。农业部种植业管理司副司长陈友权出席会议并讲话，全国农业技术推广服务中心党委书记魏启文主持会议，安徽省农委副主任朱永东到会致辞……

参会人员观摩了合肥市庐江县小麦赤霉病统防统治作业现场，安徽、河北、江苏、山东、河南5省就小麦重大病虫发生防控情况进行会议交流。农业部种植业管理司植保植检处，全国农业技术推广服务中心防治处、药械处、测报处，安徽省农业委员会种植业局，安徽省农技推广总站等单位负责同志，全国13个小麦主产省（市）植保站负责人、防治或测报科科长及小麦生产重点市、县植保站站长参加了会议。

7. 2017年3月28日，赴江西省组织召开全国柑橘黄龙病暨重大植物疫情防控经验交流会。

全国柑橘黄龙病暨重大植物疫情防控经验交流会在我市召开

（来源：赣南脐橙质量安全追溯网）

3月28日，全国柑橘黄龙病暨重大植物疫情防控经验交流会在赣州市召开，农业部种植业管理司副司长陈友权，全国农业技术推广服务中心党委书记、副主任魏启文，江西省农业厅副厅长刘光华以及各省（区、市）植保植检站分管领导和植保植检科科长等100余人出席会议。

与会人员参观了赣县区王母渡脐橙基地和赣州赣南柑桔良种苗木繁育有限公司。我市柑橘黄龙病病树普查与清理、统防统治、无病毒苗木繁育、假植网棚培育大苗补种等防控工作措施得到了部、厅领导的肯定和赞扬。

西南大学副校长、中国农业科学院柑桔研究所所长周常勇，中国农业科学院植物保护研究所所长周雪平分别就国内外黄龙病发生形势、防控理念与前沿信息作了技术讲座；江西、湖南、广东、陕西、新疆5省（区）交流了监测防控柑橘黄龙病等重大疫情的做法与经验。农业部种植业管理司副司长陈友权作了重要讲话，强调要强化措施，协同创新，加大科技投入，进一步抓好柑橘黄龙病防控工作。

8. 2016 年 11 月 19 日，在中国农业科学院植物保护研究所参加学术委员会会议。

国家农业生物安全科学中心召开第一届学术委员会会议

（来源：惠农网）

近日，国家农业生物安全科学中心组织召开第一届学术委员会会议。中国工程院院士、中国农业科学院副院长吴孔明、万建民出席会议并讲话。农业部种植业管理司副司长陈友权，植物保护研究所所长周雪平、党委书记张步江，院科技局副局长熊明民参加会议……

陈友权指出，农业生物安全关系农业粮食安全、人生安全、食品安全、环境安全和社会稳定，成立国家农业生物安全科学中心，是加强我国农业安全科技创新、促进植物检疫科学研究的大事，弥补了当前农业科研机构没有植物检疫科学研究的短板。农业生产实践在变化，随着全球气候变暖、农业生产结构调整，农业病虫灾害越发复杂，科学中心要针对新情况和新问题，全面提升对危险性有害生物的科学研究，加强监测预警、情报分析、源头防控、有效治理，推进我国植物保护事业向现代植保转变。

9. 2016 年 11 月 6—9 日，赴四川省调研柑橘产业发展和病虫害绿色防控工作。

农业部陈友权一行莅蒲考察中国南方天敌工程中心规划选址

（来源：成都市人民政府）

11 月 9 日，农业部种植业管理司副巡视员陈友权、植保植检处副处长黄绍哲，四川省植保站长尹勇，成都市植物检疫站长汪世元莅蒲考察中国南方天敌工程中心规划选址及前期设计准备工作。县委常委陈贵、县政府党组成员、农林局局长赵武斌陪同考察。

考察团参观了南方天敌工程中心基地，并听取了卫农科技有限公司对天敌工程中心的初步建设和规划的汇报。陈友权提出，一是要完善展厅需要的设备、设施、人员搭配、参观流程和活动；二是要规划工厂内部需要的车间、研究室、贮藏室的布置；三是要安排田间释放所需的示范基地农作物品种和天敌种类。

农业部陈友权副司长深入泸州市调研甜橙产业发展

（来源：四川省农业农村厅）

11月6—8日，农业部种植业管理司副司长陈友权来泸州市调研甜橙发展工作，四川省农业农村厅党组成员总经济师肖小余、泸州市政府副秘书长康江、泸州市农业局党组书记局长张兴友、厅植保站站长尹勇陪同调研。

陈副司长一行实地走访了古蔺县双沙镇、马蹄乡、叙永县石坝镇、水潦乡的甜橙生产基地，详细了解了甜橙生产基地建设、田间管理、病虫害防控、产品质量控制、销售渠道等情况，对泸州市甜橙基地的规模化建设、专业化水平、机械化生产以及产品质量等方面取得的成绩给予了充分肯定。他同时指出，赤水河谷具有甜橙发展得天独厚的自然条件，古蔺、叙永两县赤水河流域的乡镇要依托海升集团的示范效应，在规模化、专业化、机械化、绿色化上狠下功夫，生产出更多优质安全的甜橙产品供应市场，为农业增效、农民增收和脱贫攻坚做出更大贡献。

10. 2016年9月23日，在北京市组织成立国家生物农药科技创新联盟。

绿色农华牵头成立国家生物农药科技创新联盟
为中国农业绿色发展保驾护航

（来源：永安化工）

为落实2016年中央一号文件精神和党中央、国务院关于"农业绿色发展"的战略部署，加大创新驱动力度，推进农业供给侧结构性改革，加快转变农作物病虫害防控方式，深入推进《到2020年农药使用量零增长行动》，9月23—24日，由农业部科技教育司、种植业管理司共同组织，由绿色农华集团牵头承办的"国家生物农药科技创新联盟成立大会暨生物农药产业化高层论坛"在北京中关村绿色农华集团总部隆重召开。

会议中，中国农业科学院吴孔明院士、农业部种植业管理司副司长陈友权、北京市农委副主任张宏图、中国农业科学院植物保护研究所书记张步江、大北农集团常务副总裁宋维平，为联盟成立揭牌，农业部药检所副所长魏启文宣布国家生物农药科技创新联盟成员单位、理事会、监事会、秘书处、专家委员会、理事长、监事长、秘书长名单等。

11. 2016年8月28日，在山东省组织成立国家天敌昆虫科技创新联盟。

国家天敌昆虫科技创新联盟在山东济南启动

（来源：新华网）

为深入推进"化肥农药使用量零增长行动"，国家天敌昆虫科技创新联盟28日在山东济南启动，这是农业部批准成立的34个"国家农业科技创新联盟"之一。

联盟以天敌昆虫扩繁和应用企业为龙头，成员包括山东鲁保科技开发有限公司、中国农业科学院植物保护研究所、浙江大学、吉林农业大学、山东省农业科学院植物保护研究所等9家大学或研究所和7家天敌昆虫企业，将为我国农作物病虫害绿色防控提供科技支撑。

农业部种植业管理司副司长陈友权认为，成立国家天敌昆虫科技创新联盟作用重大，有利于促进天敌昆虫的研究开发和应用，促进我国植保事业的发展，促进我国农业发展方式的转变，促进现代农业发展和生态文明建设……

12. 2016年8月9日，赴湖南省组织召开全国秋粮作物重大病虫防控现场会。

赫山成功协办全国秋粮作物重大病虫防控现场会

（来源：赫山区人民政府）

8月9日，全国秋粮作物重大病虫防控现场会在湖南长沙召开。9日上午，全国农业技术推广服务中心副主任钟天润、农业部种植业管理司副巡视员陈友权率25省参会代表一行60余人赴本次大会现场——赫山区进行学习交流。湖南省农委副巡视员崔国强、益阳市副市长谢寿保、赫山区委副书记代区长李劲松等省市区相关人员陪同。

与会人员先后来到农业部水稻病虫专业化统防统治与绿色防控融合推进示范区月塘湖基地、益阳市农田谋士水稻专业合作社，学习交流赫山区推进水稻绿色防控的经验和作法，并详细了解"九代""九化"农业社会化服务模式……

13. 2016年4月22日，赴河南省组织召开小麦重大病虫防控现场会。

农业部动员部署小麦重大病虫防控工作

（来源：中国政府网）

当前，主产区小麦陆续进入孕穗、抽穗阶段，既是产量要素形成的重要时期，也是重大病虫发生和防控的关键时期。4月22日，农业部在河南省安阳市召开小麦重大病虫防控现场会，要求各地把小麦重大病虫防控摆在当前农业生产的重要位置，迅速行动起来，立足抗灾保丰收，加大力度，强化措施，全力以赴"虫口夺粮"，筑牢夏粮丰收基础。

14. 2015年11月11日，赴江西省调研柑橘黄龙病防控工作。

农业部种植业管理司副巡视员陈友权一行到我县调研

（来源：赣州市人民政府）

近日，农业部种植业管理司副巡视员陈友权一行到信丰县调研。陈友权一行到嘉定镇黄家坑黄义春果园察看了黄龙病果树，并询问果农柑橘黄龙病防控相关问题。随后,陈友权一行与信丰县干部、黄家坑果农代表就农业部柑橘黄龙病综合防控项目进行座谈。

15. 2015年11月3日,赴福建省参加农业部作物有害生物综合治理学科群工作会议。

农业部作物有害生物综合治理学科群2015年工作会议在福州召开

(来源:中国农业科学院植物保护研究所)

2015年11月3—5日,农业部作物有害生物综合治理学科群2015年工作会议在福州成功召开。农业部种植业管理司副巡视员陈友权、副处长王建强、科技教育司技术引进与条件建设处陈柳博士、中国农业科学院副院长吴孔明、福建省农业科学院院长刘波、我所书记张步江、副所长邱德文、副所长文学出席了会议。综合性实验室主任陈万权、常务副主任郑永权和综合性实验室学术委员会委员兼秘书张杰出席会议并分别主持了会议。

陈友权副巡视员在讲话中强调,2004年以来,全国粮食生产已获11连增,今年粮食又丰收在望,其中植保科技工作者功不可没。目前,农业部正式下达了《到2020年农药使用量零增长行动方案》,提出了明确的目标与工作方案。要实现这一目标要在绿色防控、统防统治和科学用药等方面下功夫,其中科技支撑至关重要。期望学科群充分发挥体系各层级的

作用，相互协同，为有害生物绿色防控及农药零增长行动提供更多更好的技术和产品，为农药零增长计划的顺利实施与早日达成保驾护航，并表示将积极支持学科群工作，争取向有关部门推荐科研项目。

16. 2015年7月21日，赴内蒙古自治区组织召开全国秋粮作物重大病虫防控现场会。

农业部召开秋粮作物重大病虫防控现场会

（来源：中国政府网）

当前，秋粮作物重大病虫陆续进入发生危害盛期，搞好病虫防治对夺取秋粮丰收至关重要。为扎实开展防病治虫夺秋粮丰收行动，7月21日，农业部在内蒙古通辽市召开全国秋粮作物重大病虫防控现场会，分析秋粮作物重大病虫发生形势，交流各地防控做法和经验，部署秋粮作物病虫防控工作。

全国秋粮作物重大病虫防控现场会在内蒙古召开

（来源：百度学术）

为了安排部署秋粮作物重大病虫防控工作，实现"虫口夺粮"保丰收，农业部种植业管理司会同全国农业技术服务中心于近日在内蒙古自治区通辽市召开了"全国秋粮作物重大病虫防控现场会"。农业部种植业管理司副巡视员陈友权，全国农业技术推广服务中心副主任钟天润，农业部种植业管理司植保植检处处长李建伟等领导出席会议。

17. 2015年2月5日，到中国农业科学院植物保护研究所调研。

农业部种植业管理司司长来我所调研

（来源：中国农业科学院植物保护研究所）

2月5日，农业部种植业管理司司长曾衍德一行来中国农业科学院植物保护研究所调研，组织召开了"农业部种植业管理司植物保护工作对接专家座谈会",中国农业科学院副院长吴孔明、科技管理局局长梅旭荣,植物保护研究所所长周雪平、党委书记张步江、副所长邱德文和郑永权出席会议,会议由郑永权副所长主持……

农业部种植业管理司副司长何才文、潘文博,副巡视员陈友权,综合处处长朱恩林,植保植检处处长李建伟和副处长常雪艳,农药管理处处长李文星和副处长黄辉,农情处处长刘莉华等一起来所调研。

18. 2014年12月16日,发表专业论文。

关于我国绿色植保的几点思考

（来源:《中国植保导刊》2014年第11期）

摘要:通过回顾人类防控病虫草鼠害等有害生物的历程,分析了我国绿色植保理念的由来及其发展,提出了绿色植保是历史的产物,也是现实的要求;绿色植保既是工作理念,也是工作措施;既是目标追求,也是渐进过程,是一个长期、复杂和艰巨的过程,需要不断通过技术创新与组织创新,加强多方合作,强化技术集成与创新,推进病虫害统防统治与绿色防控的融合,为确保国家粮食安全、农产品质量持续提高、农业资源永续利用和生态环境不断改善做贡献。

19. 2014年11月5日,赴福建省参加中国植物保护学会学术年会。

中国植物保护学会2014年学术年会在福建省厦门市召开

（来源:甘肃省农业科学院）

11月5—7日,中国植物保护学会2014年学术年会在福建厦门召开。会议由中国植物保护学会主办,植物病虫害生物学国家重点实验室、中国农业科学院植物保护研究所、福建省植物保护学会协办。本届年会以"生态文明建设与绿色植保"为主题,邀请福建农林大学谢联辉院士及农业部种植业管理司副巡视员陈友权分别做了"绿色植保，路在何方"及"我国植物保护事业发展成就与前景展望"的大会专题报告。大会同时设了植物病理学论坛、农业昆虫学论坛及化学防治与生物防治技术论坛 3 个分会场，来自全国各地的植保专家及会员代表共 1000 余人参加了本次大会。

20. 2014 年 10 月 16 日，赴湖南省组织召开全国农作物病虫害专业化统防统治与绿色防控融合推进总结交流会。

全国统防统治与绿色防控融合推进试点成效显著

（来源：中华人民共和国农业部）

10 月 16 日，农业部在长沙市召开全国农作物病虫害专业化统防统治与绿色防控融合推进总结交流会。会议总结交流了各地融合推进试点成效和经验，明确了发展思路和目标任务，提出了加快融合推进的措施。

全国农作物病虫害专业化统防统治与绿色防控融合推进经验交流会在湖南长沙市召开

［来源：《农药市场信息》(2014)］

为推进农作物病虫害专业化统防统治与绿色防控融合发展，提升防病治虫组织化程度和科学化水平，实现农药减量控害，保障农业生产安全、农产品质量安全和生态环境安全，农业部种植业管理司于近日在湖南省长沙市召开了全国农作物病虫害专业化统防统治与绿色防控融合推进经验交流会。农业部种植业管理司副巡视员陈友权、全国农业技术推广服务中心副主任钟天润、有关方面负责同志、专家以及来自全国 31 个省（自治区、直辖市）植保植检总站的主要负责人，共 50 多位代表参加了会议，陈友权副巡视员在会上作了讲话。

在全国农作物病虫害专业化统防统治
与绿色防控融合推进总结交流会上的讲话

（来源：中华人民共和国农业部）

今年又是一个丰收年，夏粮增产 95 亿斤，早稻基本持平、减产 2.5 亿斤，秋粮呈稳产趋势。今年粮食生产再次取得好收成，是多种因素共同作用、多个方面共同努力的结果。其中，植保防灾减灾，有效防控小麦赤霉病、水稻"两迁"害虫等重大病虫发生危害，保产增收作用巨大、功不可没。

当前，我国经济正迈入以中高速、优结构、新动力、多挑战为主要特征的新常态，不再单纯地追求 GDP 的增长，更加注重资源和环境的保护和利用。新常态给农业生产提出新任务、新要求。适应新常态，工作上必须有新举措。近年来，我国在粮食实现"十连增"、重要农产品有效供给的同时，也面临着资源要素绷得很紧、环境承载的压力加大、生产成本不断增加等突出问题，尤其是农产品质量引起社会广泛关注，转变农业发展方式的需要日益迫切。对我们植保机构来说，适应新常态，就是要转变防病治虫方式，大力推进统防统治、绿色防控，少用化学农药、科学使用农药，努力实现减量控害、节本增效、提质增效。今天我们召开这次会议，主要任务是落实中央、农业部有关领导指示精神，总结交流专业化统防统治与绿色防控融合推进的成效和经验，分析形势和任务，研究问题和对策，部署下一步工作。上午，大家观摩了湖南省长沙市专业化统防统治与绿色防控融合推进现场。刚才，湖南、山西、浙江、广西、湖北等 5 个省（区）植保站站长，3 个病虫防治专业化服务组织负责同志，就融合推进试点工作进行了交流发言，讲得都很好，听了很受启发。下面，我讲 3 点意见……

21. 2014年8月15日，赴河南省参加水稻黑条矮缩病防控与示范暨现场培训会。

灰飞虱传播的水稻黑条矮缩病防控
与示范暨现场培训会在河南开封召开

（来源：中国农业科学院植物保护研究所）

2014年8月15—16日，中国农业科学院植物保护研究所与江苏省农业科学院、全国农业技术推广服务中心主办，河南省农业科学院植物保护研究所和河南省植保站承办的灰飞虱传播的水稻黑条矮缩病防控与示范暨现场培训会在河南省开封市召开。农业部种植业管理司副司长陈友权、植保植检处副处长王建强，科技教育司产业技术处调研员窦鹏辉，全国农业技术推广服务中心副主任钟天润，河南省农业厅副厅长魏蒙关，河南省农业科学院书记郭鹏亮，江苏省农业科学院副院长周建农，中国农业科学院植物保护研究所所长周雪平等领导出席现场会，会议先后由钟天润副主任和中国农业科学院植物保护研究所科研管理处处长郑传临主持……

陈友权副司长对项目取得的成绩和现场会的执行效果给予了高度肯定。针对灰飞虱传播病毒病严重威胁河南粳稻以及玉米种植的严峻形势，陈友权强调，一要突出问题导向，针对同一病原在三大作物中要加强防治，同时，有些防护措施如防虫网的使用还起到隔绝其他病毒病的作用；二要突出联合整改，开阔思路，加强早期物理防治和化学防治，利用监测技术监测预警病害发生，集中育秧，发展集成防控体系，并提供技术支持；三

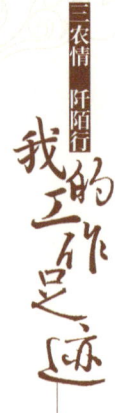

要突出实践应用,加强与植保推广系统的合作,对边研究边示范推广对研究单位联合攻关、突出问题导向和实践应用的做法给予了肯定,希望做好项目总结以及技术的组装和熟化、优化工作,进一步加强宣传和示范推广……(会议观摩开封市顺河区、开封县水稻黑条矮缩病防控现场)

22. 2014年7月24—29日,赴山东省组织召开全国秋粮作物重大病虫防控现场会。

全国秋粮作物重大病虫防控现场会在德州市召开

(来源:德州日报)

7月29日,全国秋粮作物重大病虫防控现场会在德州市召开。农业部种植业管理司副巡视员陈友权、全国农业技术推广服务中心副主任钟天润、德州市副市长黄金忠出席。

来自河北、山西、辽宁等23个省的60多名植保专家参观了"一防双减"补助项目齐河示范区和齐力新农业公司,对德州市病虫防治专业化服务组织、专业化统防统治与绿色防控等工作给予充分肯定。(会前深入潍坊市,泰安市肥城市,临沂市沂南县,德州市齐河县实地调研)

23. 2014年1月6日,赴江苏省组织举办农作物病虫害专业化统防统治培训班

农作物病虫害专业化统防统治培训班在苏举办

(来源:百度学术)

笔者从全国农业技术推广服务中心获悉,为了大力推进专业化统防统治,提高农作物重大病虫害防控能力,近日,该中心会同农业部种植业管理司在江苏省淮安市举办了农作物病虫害专业化统防统治培训班，农业部种植业管理司副巡视员陈友权出席会议并讲话。培训班由该中心副主任钟天润主持。

七、大力促进农民增收和产业扶贫

1. 2022 年 7 月 24 日，参加旱地稻开发技术规范专家会。

高山旱稻新品种培育技术体系受专家肯定

（来源：人民资讯）

7 月 24 日，由中国小康建设研究会牵头在北京主办的《高山旱稻荒地变粮仓种植全产业链管控技术规范》征求专家意见会上，高山旱稻新品种培育技术体系颇受专家肯定，有望实现在国内高山旱地大面积推广种植水稻，建立相关技术标准，助力国家粮食安全……

农业农村部种植业管理司一级巡视员陈友权、农业农村部农产品质量安全中心副主任寇建平、农业农村部科技发展中心研究员林友华、中国农业科学院成果转化局副局长文学、武汉大学生命科学学院教授陶天申、水资源节约与保护产业创新联盟专家委员会主任、水利部科技推广中心推广与产业处原处长肖新民参加了本次评审会并作发言。

2. 2021 年 4 月 12 日，在北京市参加德州市优质农产品品牌发布会。

德州市对接京津冀优质农产品供应展销洽谈
暨"德州味"品牌发布会在京举行

（来源：德州日报）

4 月 10 日，德州市对接京津冀优质农产品供应展销洽谈暨"德州味"品牌发布会在北京举行。德州市区域公用品牌——"德州味"正式发布,"德州味"品牌宣传平台和运营中心启动。

中国农产品市场协会会长、国务院参事室特约研究员、原农业部党组成员张玉香,农业农村部种植业管理司一级巡视员陈友权,北京市农业农村局副局长、一级巡视员马荣才,天津市农委总农艺师张建树,山东省农业农村厅一级巡视员林国华,农业农村部市场与信息化司副司长陈勇,德州市领导杨洪涛、张传忠、张安民、王晓东、董绍辉、李佳芮、市政府秘书长王胜强,以及各县市区党委主要负责同志,市直部门有关负责同志,在京客商,品牌专家,德州市部分农业化龙头企业、家庭农场、农民合作社负责人,共计260余人出席。

3. 2021年4月7—8日,赴山东省调研油用牡丹产业发展情况。

油用牡丹产业发展调研

(来源:嘉祥县人民政府)

4月7日上午,中国经济林协会牡丹产业分会专家委员会主任、原国家林业局党组副书记、副局长(副部级)李育材,农业农村部种植业管理司一级巡视员陈友权一行5人,来嘉祥县进行油用牡丹产业发展调研。调研组在嘉祥县农丰园油牡丹种植专业合作社进行了实地调研。(调研组深入济宁市嘉祥

县、菏泽市单县实地调研,并参加了4月8日菏泽市召开的2021世界牡丹大会)

4. 2020年12月7日,赴广东省参加2020中国中药产业高质量发展大会暨广东省第二届南药产业大会。

云浮打造南药创新高地,推动中医药产业产学研一体化发展

(来源:新浪网)

12月7日上午,2020中国中药产业高质量发展大会暨广东省第二届南药产业大会在云浮召开。此次大会内容丰富,包括国家现代农业(云浮南药)产业园、全国名特优新高品质农产品(食药同源)全程质量控制试点市、中国中医药产业发展示范区、岭南现代农业(云浮南药)实验室揭牌仪式,现场还颁发了省"一村一品、一镇一业"南药专业村镇证书,为首批广东省中药材产业化基地授牌、"镇"能量擂台PK授旗等内容。

会上,农业农村部种植业管理司一级巡视员陈友权、国家中医药管理局科技司司长李昱、广东省农业农村厅厅长顾幸伟、云浮市人民政府市长王胜为国家现代农业(云浮南药)产业园揭牌。据农业农村部、财政部公布2020年国家现代农业产业园创建名单,全国共31个现代农业产业园在列,云浮市云城区现代农业产业园

成为广东省唯一一个入选的产业园。

5. 2020年6月5日，参加黑龙江省首个网上农博会。

黑龙江省首个网上农博会举行21个项目云签约超38.5亿元

（来源：中国新闻网）

云展览、云签约、云推介、云评选、云论坛、云消费……今年，黑龙江省首个网上农博会6月5日在佳木斯市举行，21个项目总签约额为38.5亿元……

在启动仪式现场，农业农村部种植业管理司一级巡视员陈友权发来祝贺视频。奥运冠军武大靖以视频的方式为家乡农产品助力。桦川、汤原、郊区等八大分会场同步进行云博会。

6. 2019年12月27日，参加2019年"川酒全国行"北京活动。

带领川酒集体"入京"的五粮液，定义了川酒新高度

（来源：TOM）

12月27日，以"奋进新时代，川酒酿精彩"为主题的2019年"川酒全国行"收官之站在北京举办。本次活动由四川省经济和信息化厅指导，四川中国白酒金三角酒业协会主办，五粮液集团公司承办，泸州老窖、剑南春、郎酒、舍得、水井坊协办……

"川酒全国行"是集中展示川酒品牌文化的重要平台，是落实四川省委建设"食品饮料万亿级产业集群"及优先发展名优白酒等千亿级产业的重要举措。

四川省委常委、省直机关工委书记曲木史哈，四川省人民政府副秘书长王海峰，工信部消费品司司长高延敏，农业农村部种植业管理司一级巡视员陈友权，中国轻工业集团总经理郭建全，中国酒业协会理事长王延才，中国酒类流通协会会长王新国，中国食品工业协会党委书记、副会长兼秘书长马勇，著名作家阿来，著名词作家易茗，著名曲作家雷蕾，四川省经济和信息化厅副厅长冯锦花，四川中国白酒金三角酒业协会副会长张玉山，五粮液集团公司总经理、股份公司董事长曾从钦等嘉宾，以及来自中国石化、北大方阵、中国民航、北汽集团、迪信通等知名企业的负责人，全国工商联、中国食品发酵研究院、四川省人民政府驻北京办事处、中国酒类流通协会等单位负责人，意大利、克罗地亚、北马其顿等外国友人及媒体代表等近500人共品川酒，感受川酒发展新高度。

川酒全国行助推川酒高质量发展得更好

（来源：美酒招商网）

北京，是中国的政治、经济中心，也是文化中心；四川，是中国白酒产业的"酿造中心"，也是中国白酒行业的"文化中心"……

12月27日，以"奋进新时代，川酒酿精彩"为主题的2019年"川酒全国行"收官之站在北京举办。本次活动由四川省经济和信息化厅指导，四川中国白酒金三角酒业协会主办，五粮液集团公司承办，泸州老窖、剑南春、郎酒、舍得、水井坊协办。

四川省直机关工委书记曲木史哈，四川省人民副秘书长王海峰，工信部消费品司司长高延敏，农业农村部种植业管理司一级巡视员陈友权，中国轻工业集团总经理郭建全，中国酒业协会理事长王延才，中国酒类流通协会会长王新国，中国食品工业协会委、副会长兼秘书长马勇，著名作家阿来，著名词作家易茗，著名曲作家雷蕾，四川省经济和信息化厅副冯锦花，四川中国白酒金三角酒业协会副会长张玉山，五粮液集团公司总经理、股份公司董事长曾从钦等嘉宾近500人共品川酒，感受川酒发展新高度。

7. 2019年12月7日，参加第二届新时代农业企业家发展大会暨乡村产业振兴高峰论坛。

第二届新时代农业企业家发展大会在京召开

（来源：凤凰新闻网）

2019年12月7日，由中国小康建设研究会、全联农业产业商会、中国合作贸易企业协会与中国滋根乡村教育与发展促进会共同主办的"第二届新时代农业企业家发展大会暨乡村产业振兴高峰论坛"在北京隆重召开。

第十二届全国政协副主席齐续春，中央国家机关工委原副书记、农学博士陈存根，全国工商联副主席谢经荣，中央农办、农业农村部乡村振兴专家咨询委员会委员、原农业部党组副书记、副部长尹成杰，国务院参事、财政部原副部长朱光耀，农业农村部农村经济研究中心主任宋洪远，中国民生银行副行长胡庆华，农业农村部种植业

管理司一级巡视员陈友权，国家航天育种成果转化中心主任张传军，全联农业产业商会会长王均豪，中国小康建设研究会副会长兼秘书长李彬选等相关部门领导及农业企业家代表、"三农"领域专家学者300余人出席了此次大会。

8. 2019年10月21日，赴湖南省参加兴安盟大米产业发展论坛。

2019兴安盟大米产业发展论坛在长沙开幕

（来源：兴安文明网）

喜看稻菽千重浪，专家论稻聚一堂。10月21日，2019兴安盟大米产业发展论坛在长沙隆重召开。

本届论坛由兴安盟行政公署、国家杂交水稻工程技术研究中心主办，主题为"东北上游净产好米，兴安盟大米好吃闻得见"。来自国内多家科研院所的专家学者齐聚长沙，共同探讨兴安盟水稻新品种选育、水稻丰产栽培技术研究进展情况，并为兴安盟大米产业发展出谋划策。

"共和国勋章"获得者、中国工程院院士袁隆平出席会议并讲话，农业农村部种植业管理司一级巡视员陈友权，内蒙古自治区副主席李秉荣，湖南杂交水稻研究中心主任齐绍武，兴安盟区域经济高级顾问、武汉大学校友企业家联谊会秘书长、楚商联合会秘书长蹇宏出席会议……

9. 2019年9月8日，赴山西省参加首届中华药食同源产业发展论坛。

"首届中华药食同源产业发展论坛"在山西晋城圆满举办

（来源：三农洞察）

为进一步带动农民增收致富，坚决打赢打好脱贫攻坚战，2019年9月8日上午8时30分，"2019中国（晋城）农民丰收节暨首届

中华药食同源产业发展论坛"在山西晋城市文体宫隆重举办。本次活动由中共晋城市委、晋城市人民政府主办,中共泽州县委、泽州县人民政府、晋城市农业农村局承办、中国农业经济学会、晋城市新闻传媒集团协办。中国文联副主席、中国电视艺术家协会主席胡占凡,农业农村部种植业管理司一级巡视员陈友权等领导出席本次活动并做主旨演讲。陈友权在发表《大力推进康养农业融合发展》主旨演讲时表示,康养是农业众多功能之一,是农业的本质属性和功能,农产品是最基本的康养产品。老龄化社会即将到来,人们对康养农业的需求将更加突出。发挥资源优势,培创知名品牌有助于发展康养农业。

10. 2019年4月25日,赴河北省参加第四届京津冀蔬菜食用菌产销对接大会。

第四届京津冀蔬菜食用菌产销对接大会
暨河北省特色优势农产品推介活动在邯郸市成功举办

[来源:《河北农业》(2019)]

4月25—26日,由河北省农业农村厅、北京市农业农村局、天津市农业农村委、河北省商务厅和邯郸市人民政府共同主办的第四届京津冀蔬菜食用菌产销对接大会暨河北省特色优势农产品推介活动在邯郸市国际会展中心成功举办。河北省副省长时清霜出席会议,农业农村部发展规划司司长魏百刚、种植业管理司副司长陈友权参会并致辞,全国农业技术推广服务中心副主任王戈、农业农村部市场与信息化司调研员张天翊、种业管理司王然、中国蔬菜协会会长薛亮应邀出席活动。

11. 2018 年 12 月 22 日，在北京市参加湖南贫困地区优质农产品产销对接活动。

新宁崀山脐橙代表湖南柑橘类在北京进行现场推介

（来源：新浪网）

精准扶贫结硕果，绿色水果促增收。百里脐橙连崀山，产业扶贫耀三湘。12 月 22 日上午，在首都北京举办的 2018 年湖南贫困地区优质农产品产销对接活动上，新宁崀山脐橙代表湖南柑橘类产品进行现场推介。本次现场推介会由湖南省农业农村厅、邵阳市人民政府举办。农业农村部种植业管理司副司长陈友权，全国农业技术推广服务中心副主任王戈，湖南省农业农村厅总农艺师唐建初，邵阳市人大常委会副主任、新宁县委书记秦立军，邵阳市政协副主席周晓红出席现场推介会。

12. 2018 年 12 月 8 日，在清华大学参加新肥料减量增效试验评价会。

人生未满百　报国不言老：金涌院士为农资业发展方向指点迷津

（来源：农资导报网）

2018 年 12 月 8 日，记者参加由金涌领导的团队完成的均衡营养肥用于马铃薯种植减肥增效试验项目的评价会……

老骥伏枥　探路农业 4.0……

清华大学化工系郭志刚教授从植物细胞工程和植物生长发育控制研究着手，精确分析不同农作物的植物营养需求结构，与北京天地菁华农业公司合作研发了多种植物均衡营养专用肥。农业农村部种植业管理司副司长陈友权表示，积极支持植物均衡营养肥的进一步试验推广。全国农业技术推广服务中心首席科学家高祥照说，这将给肥料产业带来革命性的冲击。

金涌在会上介绍，清华大学化工系有多位教授的研究课题已切入农业科技领域，参与打造生态农业4.0的伟大工程。

好消息！作物施肥实现"精准投放"

（来源：经济日报·中国经济网）

记者了解到，北京天地菁华公司已连续四年在内蒙古地区进行植物均衡营养技术试验并取得成功，2018年由内蒙古自治区土肥站主持，他们在内蒙古商都、丰镇、兴和和察右后旗等地进行了马铃薯均衡营养肥大面积地推广实验，结果显示，植物均衡营养肥的施用量为传统施肥量35%的情况下，马铃薯亩产量接近，植物均衡营养肥的最佳投入产出比可以达到1∶10，农户的实际肥料花费比使用传统肥料还有所降低……

项目评审专家组组长、中国工程院院士金涌表示，马铃薯均衡营养肥的减肥增效效果明显，对于减少化肥资源消耗、减轻种植业面源污染和改善区域水体环境均具有重要的意义。农业农村部种植业管理司副司长陈友权表示，将积极支持均衡营养肥的进一步推广试验，争取为国家化肥农药双减战略创出一条新路。

13. 2018年10月14—15日，赴江西省参加第20届全国肥料双交会和2018年全国省级土肥（耕肥）站长会。

减量增效　绿色发展，今年全国肥料双交会有啥新亮点？

（来源：中国新兴肥料网）

10月15日，农业农村部种植业管理司副司长陈友权于第20届

全国肥料双交会开幕式上表示，农业用肥减量增效工作成效已见，农业管理部门，农技推广、耕地保护系统，将继续大力推进，未来高效、绿色、适合机械化施用的肥料将继续引领农业生产需求。

水肥高效　绿色发展
——2018年全国省级土肥（耕肥）站长会在江西南昌召开

（来源：搜狐网）

10月14日，全国农业技术推广服务中心在江西省南昌市组织召开了2018年全国省级土肥（耕肥）站长会。会议总结交流了近年来肥料和节水农业工作成效和经验，分析了新阶段面临的新形势、新变化，讨论研究了服务农业绿色高质量发展、做大做强肥料和节水农业事业的工作思路和目标任务，安排部署了相关重点工作。农业农村部种植业管理司副司长陈友权、全国农业技术推广服务中心主任刘天金出席会议并讲话。

增加获得感　彰显引领力
第二十届全国肥料双交会在南昌市成功举办

（来源：北京胜达博睿科技有限公司）

2018年10月13—16日，全国农业技术推广服务中心、中国农业技术推广协会、江西省农业农村厅和南昌市人民政府共同主办的第二十届全国肥料信息交流暨产品交易会（以下简称"全国肥料双交会"）在江西省南昌市举办。展会围绕农业绿色高质量发展，紧扣"减量增效，绿色发展"主题，以增加参展各方的获得感为核心，通过展览展示、信息交流、交易洽谈、主题报告、技术培训等形式，促进了信息对接交流、产品展示交易和技术创新集成，彰显了对肥料行业的引领力，促进了全国土肥水系统集成创新，推动了肥料产供需深度对接。

农业农村部种植业管理司副司长陈友权，全国农业技术推广服务中心主任刘天

金，中国农业技术推广协会会长陈生斗，中国工程院院士、中国农业大学教授张福锁等领导和嘉宾参加了全国肥料双交会开幕式和相关活动。江西省人民政府副秘书长宋雷鸣、江西省农业农村厅厅长胡汉平等领导参观了展览展示现场。

14. 2018年3月18日，赴四川省参加第二届国际（宜宾）茶业年会。

四川宜宾：第二届国际（宜宾）茶业年会火热开幕

（来源：国际在线）

3月18日，第二届国际（宜宾）茶业年会开幕式在宜宾临港会展中心举行……

宜宾市委书记刘中伯，四川省政协副主席、农业厅党组书记祝春秀，农业部种植业管理司副司长陈友权，联合国粮农组织政府间茶叶工作组秘书让·卢克·马斯塔基（Jean Luc Mastaki）等在开幕式致辞，四川省人民政府副省长尧斯丹宣布年会开幕，开幕式由宜宾市委副书记邓正权主持……

15. 2017 年 10 月 27 日，赴四川省参加第十九届全国肥料双交会。

第十九届全国肥料信息交流暨产品交易会在成都隆重开幕

（来源：搜狐网）

经农业部批准，以"科学用肥，绿色发展"为主题的第十九届全国肥料双交会于 2017 年 10 月 27 日在成都世纪城新国际会展中心隆重召开。本届展会由全国农业技术推广服务中心和中国农业技术推广协会主办，郑州恒达会展服务有限公司、成都土壤肥料测试中心、成都市农业技术推广总站共同承办，各省（区、市）土肥站协办……

出席本届双交会的领导有：全国农业技术推广服务中心主任刘天金，四川省农业厅厅长祝春秀，成都市人民政府副市长刘宏葆，中国农业技术推广协会会长陈生斗，农业部农村合作经济管理总站站长王乐君，农业部种植业管理司副司长陈友权，全国农业技术推广服务中心副主任王戈，四川省农业厅副厅长张强，成都市统筹城乡和农业委员会主任张俊国，中化农业总裁覃衡德，河北硅谷肥业有限公司董事长宋福如，山西省农业厅副厅长郭建文，成都市博览局副局长毛艳，全国农业技术推广服务中心首席专家高祥照，各省（区、市）土肥系统等。

16. 2017 年 9 月 21 日，参加 2017 中国大米品牌论坛。

2017 中国大米品牌论坛在京成功举办

（来源：央广网）

9 月 21 日下午，"2017 中国大米品牌论坛"在北京市朝阳区亮马河大厦的紫金厅隆重举行。全国政协委员、中国优质农产品开发服务协会会长朱保成，江西省副省长吴晓军，农业部市场与经济信息司司长唐珂、种植业管理司副司长陈友权，全国农业展览馆副馆长李晓钢，以及重庆、辽宁、宁夏、江苏、福建、内蒙古、吉林、黑龙江等省（区、市）领导、嘉宾，共150余人出席会议。

17. 2017年8月29日，赴甘肃省参加全国产业扶贫（甘肃定西）现场观摩会。

全国产业扶贫（甘肃定西）现场观摩会召开

（来源：定西市人民政府）

8月29日，全国产业扶贫（甘肃定西）现场观摩会在定西市安定区召开。会议深入贯彻习近平总书记重要讲话和批示精神，认真落实全国农业产业扶贫精准脱贫经验交流会精神，现场观摩了定西市马铃薯等特色优势产业发展情况。农业部党组成员、副部长屈冬玉出席会议并讲话……

农业部发展计划司副司长刘北桦主持会议。农业部财务司副司长唐强，农业部种植业管理司副司长陈友权及国务院扶贫办开发指导司副司长杨刚出席会议。有关省、自治区农业和扶贫部门、49个贫困县负责人及环京津部分贫困县负责同志参加会议。

18. 2016年12月22日，赴江苏省调研农业园区建设。

农业部种植业管理司副司长陈友权来盐都台创园调研

（来源：海峡两岸农业合作网）

12月22日，农业部种植业管理司副司长陈友权一行来盐都调研种植业发展、农业园区建设等工作。

陈友权一行首先来到江苏盐城盐都台湾农民创业园兰花博

览园,详细了解园区规划、运行管理、台资企业、高效农业发展等情况。在兰博园的一个智能玻璃温室内,陈友权对标准化生产的30万株蝴蝶兰给予充分肯定。

随后,调研组先后考察了仰徐稻麦三新示范基地和都市现代农业园,对盐都大力发展现代高效农业、休闲农业和乡村旅游,带动村民共同致富的成功做法给予高度评价。

19. 2016年10月28日,赴湖南省调研茶产业发展情况。

农业部陈友权视察安化黑茶展馆

(来源:安化黑茶零售网)

10月28日,农业部种植业管理司副司长陈友权来到安化黑茶展馆参观。陈友权边走边看中,对安化黑茶琳琅满目的品牌包装赞不绝口。他表示,安化黑茶历史悠久,文化深厚在中国和世界罕见,特别是千两茶的制作和加工工艺令人赞叹,创造了安化黑茶的传奇,也创造了茶业届的神话,希望安化黑茶能借助第四届中国茶叶博览会,不断提升品牌知名度,延伸产业链条,让安化黑茶大放异彩,让全世界享用到这杯安化黑茶。安化县领导熊哲文、蒋跃登、王益文、肖伟群,老领导李俊夫参加活动。

20. 2016年10月29日,赴山东省参加第四届中国茶叶博览会。

第四届中国茶博会"四年磨一剑 砺得茶香远"

(来源:齐鲁网)

由农业部优质农产品开发服务中心联合中国优质农产品开发服务协会、中国农业科学院茶叶研究所、中国茶叶学会和海峡两岸茶业交流协会主办,湖南、浙江、湖北、云南、陕西、福建、广西等省区农委、农业厅和济南茶叶集团协办的第四届中国茶叶博览会在济南高新国际会展中心拉开帷幕。农业部市场与经济信息司陈萍副司长、种植业管理司陈友权副司长、中国农业科学院茶叶研究所杨亚军所长等出席了开幕式等活动。

21. 2015年5月21日,赴四川省调研柑橘生产与产业化经营。

农业部种植业管理司调研我市柑橘产业
（来源：泸州市农业农村局）

为促进柑橘优势产区产业化发展,扩大农民增收渠道,5月21—24日,农业部种植业管理司副巡视员陈友权带队,司植保处、中国海升果汁控股有限公司和中国农业科学院柑桔研究所等单位的负责人和专家莅泸调研柑橘生产与产业化经营。

陈友权副巡视员一行在省农业厅植保处、经作处和市农业局相关领导专家的陪同下,先后深入古蔺马蹄、双沙,叙永水潦、石坝,纳溪大渡口,江阳区况场、黄舣等柑橘基地实地考察,并与区县主管部门领导、专合社负责人和果农进行座谈,对我市柑橘生态条件、产业化经营状况作全面详细了解,认为泸州市柑橘产业发展具有得天独厚的优势,尤其赤水河流域有效积温高、日照强、昼夜温差大,柑橘品质佳,外观好,是全省出产鲜食精品柑橘稀有之地,农民种植积极性高,具有一定的产业基础,有意将海升公司引荐到泸州建立优势柑橘基地；中国农业科学院柑桔研究所副所长赵晓春认为,泸州区域优势明显,柑橘产业基础扎实,泸州柑橘综合试验站示范推广深沟高厢起垄建园、"肥水药"一体化设施栽培管理等技术卓有成效,柑橘产业有国家产业技术体系和中国农业科学院柑桔研究所作技术支撑,发展潜力巨大；海升公司副总经理谢海燕对赤水河沿岸适栽地的农民经济收入情况,土地流转方式等进行详细了解,公司将对泸州柑橘基地进一步考察,拟选择合适的地块建设适度规模的标准化柑橘精品鲜果生产示范基地。（调研组深入泸州市古蔺县、叙永县实地调研）

22. 2014年11月22日，赴湖北省参加第30届中国植保双交会。

展览特色鲜明　管理全面提升——第30届中国植保"双交会"

（来源：搜狐网）

11月22—23日，经农业部批准，全国农业技术推广服务中心、湖北省农业厅共同主办的第30届中国植保信息交流暨农药械交易会（简称植保"双交会"）在武汉国际博览中心隆重举行。全国农业技术推广服务中心主任陈生斗主持开幕式，农业部种植业管理司副巡视员陈友权致辞强调，今年我国农作物病虫害发生重，全国各级植保系统积极推

进病虫害统防统治与绿色防控融合，推广绿色环保型农药和高效的施药机械，实现了虫口夺粮的目标，为保障国家粮食安全和农产品质量安全发挥了重要作用。根据目前农业生产面临的问题，农业部提出农药使用"零增长"的目标，给各级植保系统和农药械企业提出了新的要求，需要在科学用药上加大力度，为农业可持续发展提供技术支撑。

23. 2014年10月24日,赴江苏省参加拜耳"农之道"发布活动。

拜耳"农之道"发布庆典在江苏丹阳顺利举行

(来源:《农化市场十日讯》2014年第31期)

10月24日,拜耳作物科学拜耳"农之道"发布庆典在江苏丹阳顺利举行。发改委农村经济司副司长方言、农业部种植业管理司副司长陈友权、农业部农药检定所副所长顾宝根、江苏省农业委员会副巡视员唐明珍、中国农药工业协会会长孙叔宝及来自全国各省植保系统的专家和媒体,齐聚拜耳作物科学(中国)有限公司技术开发与推广中心江苏基地,共同见证和庆祝拜耳"农之道"™服务品牌的发布。

24. 2013年9月24—25日,赴四川省参加丘陵山区生态高效蚕桑产业建设现场交流会。

国家蚕桑体系丘陵山区生态高效蚕桑产业建设现场交流会顺利召开

(来源:宜宾市农业科学院)

9月24—26日,国家蚕桑产业技术体系丘陵山区生态高效蚕桑产业建设现场交流会在宜宾召开。来自全国各省市体系专家、宜宾市重点蚕桑区县政府和乡镇相关负责人及龙头企业等120多人参会,中共宜宾市委副书记吕晓莉、农业部种植业管理司副巡视员陈友权、四川省农业厅蚕业管理总站站长杨彪出席现场交流会。国家蚕桑产业技术体系首席科学家鲁成教授主持了开幕式,宜宾市委副书记吕晓莉、四川省农业厅蚕业管理总站站长杨彪、农业部种植业管理司副巡视员陈友权先后在开幕式上讲话。会议着重就丘陵山区蚕桑产业新形势下加强科技创新,推动蚕桑产业多元化发展进行了深入研讨和交流……

农业部种植业管理司副巡视员陈友权说,宜宾作为国家"东桑西移"重要承接基地，为稳定蚕桑产业发展做了大量工作。其成绩主要表现在：一是蚕桑规模优势，助农增收作用明显；二是基地发展向优势区域聚集；三是产业化经营体系基本形成；四是综合开发利用初见成效。宜宾的基本经验：一是坚持市场化与区域化相结合，创新产业经营机制；二是坚持产业基地建设与龙头企业发展相结合，做大产业基地；三是坚持产业扶持与培育龙头企业相结合，做强优势产业；四是坚持生产与科技相结合，提质增效蚕桑产业；五是坚持生态环境治理与蚕桑基地建设相结合，建设绿色生态产业。结合宜宾实际，陈友权提出 5 点建议：一是突出特色优势，做大做强蚕桑基地；二是加强相关部门的协作，形成发展合力；三是继续加大资金投入力度，落实产业发展专项资金；四是加大政策扶持力度；五是加强人才队伍建设。

八、充分发挥党建引领和舆论引导作用

1. 2023 年 2 月 1 日，发表党的二十大精神学习思考论文。

关于加快建设农业强国的几点思考

（来源：《农村工作通讯》2023 年第 2 期）

摘要：通过深入学习贯彻党的二十大精神，结合自身对加快建设农业强国的思考研究，分析建设农业强国的提出过程，阐述加快建设农业强国的重大意义，探究中国式农业强国的主要特征，研讨建设农业强国的逻辑关系。

2. 2021年12月30日，发布并解读2021年度新媒体传播十大"三农"新闻。

阵容强大！重磅嘉宾发布并解读
2021年度新媒体传播十大三农新闻

（来源：腾讯网）

2021年，中国共产党百年诞辰，"两个一百年"在这里交汇，"十四五"规划开始实施，全面建设社会主义现代化国家踏上新征程。这一年，"三农"领域发生了许多值得关注、值得记录的大事。今天（12月30日），2021年度新媒体传播十大"三农"新闻发布仪式暨中国三农发布粉丝大会在京隆重举行。会上，农业农村部党组成员、副部长邓小刚正式公布了2021年度新媒体传播十大"三农"新闻。会议还邀请了十位重磅嘉宾发布并解读了2021年度新媒体传播十大"三农"新闻。

粮食产量再创历史新高（发布人：陈友权，农业农村部种植业管理司一级巡视员）。今年粮食产量13657亿斤，比上年增加267亿斤，创历史新高，连续7年稳定在13000亿斤以上。各级农业农村部门担当作为，一季一季、环环紧扣，克服了今年粮食生产新冠肺炎疫情起伏不定、局部严重洪涝、西北伏旱、北方罕见秋汛及病虫害影响，使粮食生产在高位增产，为开新局、应变局、稳大局发挥了重要作用，为推动经济社会高质量发展提供了有力支撑。

3. 2021年12月22日，组织举办农业农村部中青年干部学习交流活动专题演讲比赛。

把中国人的饭碗牢牢端在自己手中

——种植业管理司举办"胸怀国之大者　夺取粮食丰收"

专题演讲比赛

（来源：中华人民共和国农业农村部）

12月22日，种植业管理司举办了农业农村部中青年干部学习交流活动"胸怀国之大者　夺取粮食丰收"专题演讲比赛，来自部机关司局、直属事业单位的10名优秀选手立足本职，紧紧围绕端牢中国饭碗这一主题分享自己的所思所想所感，展现了新时代中青年干部朝气蓬勃的精神风貌……

药检所党委书记吴国强在点评时，充分肯定了参赛选手的文章内容和优异表现，鼓励青年干部勤思考、多实践，将研究成果转化为推动工作的强大动力。种植业管理司一级巡视员陈友权指出，要将本次专题活动所取得的研究成果转化为今后推进种植业高质量发展的强大动力和有效措施。围绕"保供固安全、振兴畅循环"工作定位，全力确保国家粮食安全，统筹保数量、保多样、保质量，不断提高种植业发展质量效益和竞争力，更好满足人民群众多元化消费需求，为加快农业农村现代化提供有力支撑。

4. 2021 年 6 月 15—17 日,赴内蒙古自治区参加"学党史、办实事"主题党日活动暨黄河流域农业绿色发展研讨会。

坚持党建引领　强化集成创新

加快构建黄河流域绿色高质量发展新格局

(来源:中华人民共和国农业农村部)

6 月 16 日,全国农业技术推广服务中心在内蒙古自治区巴彦淖尔市杭锦后旗举办"学党史、办实事"主题党日活动暨黄河流域农业绿色发展研讨会,旨在坚持党建引领,深入贯彻落实习近平总书记 2019 年在黄河流域生态保护和高质量发展座谈会上的讲话精神,扎实开展党史学习教育,围绕主责主业,强化农业绿色生产技术集成创新,推动解决农民群众在生产中遇到的"急难愁盼"的难题,加快构建黄河流域农业绿色高质量发展新格局……

中国工程院院士张福锁应邀出席会议并作报告,农业农村部种植业管理司一级巡视员陈友权、科技教育司副司长孙法军、直属机关党委办公室主任宋华东出席会议并讲话,内蒙古农牧厅副厅长贾跃峰、内蒙古巴彦淖尔市委副书记王志平出席会议并致辞。全国农业技术推广服务中心主任魏启文主持会议,全国农业技术推广服务中心党委书记张晔作主旨讲话,有关专家、黄河流域 9 省(区)推广部门等代表参加会议,全国农业技术推广服务中心在京干部职工收看了研讨会直播。

5. 2020 年 12 月 30 日,宣传中央农村工作会议精神。

中央农村工作会议释放了哪些重磅信号?

(来源:中国青年报)

把住粮食安全主动权……

农业农村部种植业管理司一级巡视员陈友权表示,今年中国粮食高位增产,供需总量基本平衡。粮食人均占有量高于国际粮食安全标准线……

6. 2020 年 12 月 24 日，在农业农村部新闻发布会上宣传粮食生产好形势。

农业农村部：全年粮食面积达 17.52 亿亩

粮食人均占有量约 480 公斤

（来源：中国网）

农业农村部今日（12 月 24 日）举行新闻发布会，农业农村部种植业管理司一级巡视员陈友权表示，今年粮食生产形势较好，全年粮食面积达 17.52 亿亩，比上年增加 1056 万亩，扭转了连续 4 年下滑的势头，总产量达到 13390 亿斤，比上年增加 113 亿斤，连续 6 年保持在 13000 亿斤以上。

三季粮食季季增产，夏粮、早稻、秋粮分别增产 24.2 亿斤、20.6 亿斤、67.6 亿斤。四大作物"三增一平"，稻谷、小麦、大豆分别增产 45 亿斤、13 亿斤和 30 亿斤，玉米产量持平略减，但仍处于历史较高水平。

粮食连年丰收，今年又高位增产，供需总量基本平衡。全国粮食人均占有量达到 480 公斤左右，高于 400 公斤的国际粮食安全标准线。稻谷、小麦两大口粮产需平衡有余，库存充裕，尽管玉米产量持平略减，加上各方面的库存，供需也基本平衡。所以"口粮绝对安全，谷物基本自给"有保障。

陈友权表示，农业农村部将把抓好粮食生产作为重大的政治任务摆在首要位置，确保粮食种植面积稳定在 17.5 亿亩以上，同时优化种植结构，增加偏紧的农产品供给，着力提高单产，确保粮食总产量保持在 13000 亿斤以上，把中国人的饭碗牢牢地端在自己的手中。

7. 2020年9月20日，宣传全球粮食安全形势。

大国"粮策"

（来源：《中国新闻周刊》2020.9.21，总第965期）

粮食安全之忧，正在成为一种周期性话题。

2020年的这一轮普遍性关注，并非空穴来风。今年新冠疫情全球流行，一度引发了国际粮食市场波动。"至少25个国家今年将面临严重饥荒风险，全球濒临50年来最严重的粮食危机。"联合国世界粮食计划署与粮农组织近期共同发布的《严重粮食不安全热点地区早期预警》，给出了令人担忧的预期。

中国的水稻、玉米、小麦是产大于需，大量的库存积压，但同时大豆、油菜籽又大量进口。"一方面是产多了没地方放，还有积压，占用大量的财政资金；另一方面没有（产量），要大量的进口依赖国外。"农业农村部种植业管理司一级巡视员陈友权认为，这一现状成为影响国家粮食安全的突出问题之一。

8. 2019年9月6日，组织举办农业农村部中青年干部学习交流活动专题演讲比赛。

种植业管理司举办农业农村部中青年干部学习交流活动

（来源：中华人民共和国农业农村部）

按照种植业管理司中青年干部学习交流活动统一部署，9月6日，种植业管理司举办"确保国家粮食安全和重要农产品有效供给"分专题论文演讲比赛。来自部机关司局、部属事业单位、省级农业农村部门的10名优秀选手立足本职、发挥特长，为确保国家粮食安全和重要农产品有效供给献言献策，展现了新时代"三农"青年工作者深耕主业、务实担当的精神风貌。

政策改革司一级巡视员赵长保为演讲比赛作点评，充分肯定了参赛选手的理论水平和优异表现，鼓励青年干部继续勤思考、多实践，将理论研究成果转化为具体的工作实践。种植业管理司一级巡视员陈友权总结时指出，活动立足种植业、畜牧业、渔业等大粮食观，从多视角、多层次研究问题，提出措施，取得的研究成果将转化为今后确保国家粮食安全和重要农产品有效供给的强大助力。

9. 2019年6月23日，宣传我国粮食安全形势。

聚焦中国粮食安全：粮食供求结构性矛盾仍存

（来源：中国新闻网）

23日，由中国小康建设研究会主办、北京量子云世纪科技有限公司协办的"2019乡村振兴暨中国粮食安全战略高峰论坛"在北京举行，"实施乡村振兴，扛稳粮食安全"成为本届论坛主题。

中国粮食安全如何保障？现代农业发展又面临哪些亟待解决的难题？300余业内专家、代表就一系列问题展开探讨。

农业农村部种植业管理司副司长陈友权也强调，从作物上来看，中国的水稻、玉米、小麦是产大于需，大量的库存积压，但同时大豆、油菜籽又大量进口。"一方面是产多了没地方放，还有积压，占用大量的财政资金，另一方面没有（产量），要大量进口依赖国外。"陈友权认为，这一现状成为影响国家粮食安全的突出问题之一。

10. 2019年3月25日，宣传春耕生产新形势。

农业农村部：三大措施保障春耕春播，
今年新变化看这里……

（来源：央视财经）

眼下正是春耕春播的好时节，从今天开始财经频道推出系列报道"春耕走一线"，我们的记者将深入全国各地春耕现场，去看看今年春耕的新面貌、新变化、新趋势。农业农村部今天发布的数据，截至3月25日，全国已播农作物占春播意向面积的9.9%，进度同比基本持平。那么今年的春耕呈现出哪些特点？夏粮生产的前景如何呢？

全国已播农作物一成　春耕生产开局良好

农业农村部种植业管理司副司长陈友权：夏季粮油生产基础比较好，油菜和小麦冬小麦和冬油菜面积基本稳定，返青以后的冬小麦苗

情，全国一二类苗比例达到了 86.6%，比去年同期增加 6.2 个百分点，总的来看，今年春耕开局良好。

农业农村部介绍，各地落实好稻谷、小麦最低收购价政策，确保了今年粮食播种面积稳定。另外，中央财政已整合高标准农田建设项目资金 860 亿元，确保完成全年新增高标准农田 8000 万亩以上，保障粮食稳定生产；今年春耕生产种植结构继续优化。

农业农村部种植业管理司副司长陈友权：优质专用小麦、双低油菜，还有高蛋白大豆这些面积都在进一步增加，粮食作物的订单生产面积继续扩大，达到 1200 多万亩，比上年有进一步增加。

据介绍，今年春耕生产绿色发展加快推进，耕地轮作休耕增加，果菜茶有机肥替代化肥试点县由去年的 150 个增加到 175 个，保持化肥农药使用量负增长。

11. 2019 年 3 月 20 日，宣传春耕生产好形势。

种粮大户账本里的春耕图

（来源：搜狐网）

布谷飞飞劝早耕，春锄扑扑趁春晴。

当前，春耕大忙已由南向北渐次展开。广袤的田野上，纵横阡陌间，嫩绿秧苗装点其间，一幅绚丽的春耕图景尽收眼底。

不仅在吉林公主岭，放眼全国，农业结构调优的态势在今年春耕中更加凸显。"一是品种结构优化，水稻、小麦、玉米面积基本稳定，

大豆、油料等作物面积增加；二是区域结构优化，'镰刀弯'地区继续巩固玉米结构调整成果，生态脆弱地区积极调减高耗水和易感病作物；三是品质结构优化，优质专用小麦、优质稻谷、高蛋白大豆、'双低'油菜等面积增加；四是产业结构优化，粮食作物订单生产面积增加，产业融合加快发展，实现提质增效、融合增效。"农业农村部种植业管理司副司长陈友权说。

陈友权介绍，为促进质量兴农，各地在春耕中积极调整农业投入结构，持续推进化肥农药减量增效，扩大果菜茶有机肥替代化肥试点和全程绿色防控替代化学防治试点，保持化肥农药使用量负增长。继续开展耕地轮作休耕制度试点3000万亩，加快节水农业发展，开展农药化肥包装废弃物回收，促进生产生态系统循环衔接。

12. 2019年3月19日，宣传夏粮生产好形势。

全国春耕春播有序展开

（来源：中华人民共和国中央人民政府）

"春分麦起身，一刻值千金。"……

夏粮生产基础较好。夺取夏季粮油丰收是全年农业生产的第一仗。农业农村部种植业管理司副司长陈友权说，今年夏粮生产基础较好，冬小麦面积稳中略减，苗情长势总体正常，好于上年。冬季气温总体平稳，立春后光温水匹配较好，加之各地早抓早管，苗情进一步转化升级。

13. 2019年3月17日，宣传春耕和夏粮生产好形势。

农业农村部：今年夏粮生产基础较好
农业高质量发展开局良好

（来源：央广网）

"惊蛰"已过，"春分"将至，农业谚语讲"过了惊蛰年，春耕不能歇"。农业农村部相关负责人昨天在接受中国之声记者采访时表示，当前全国已由南向北全面进入春耕生产大忙季节。今年夏粮生产基础较好，种植结构呈现调优势头，农业高质量发展开局良好。

农业农村部种植业管理司副司长陈友权昨天接受记者采访时透露，今年春耕生产进展顺利，夏粮生产基础较好，冬小麦面积稳中略减，苗情长势总体正常，好于上年。陈友权介绍，冬小麦面积基本稳定，苗情长势比较好。冬小麦返青一二类苗比例86.6%，比越冬前提高1.8个百分点，比上年同期提高6.2个百分点。

陈友权表示，今年将加强春季田间管理，支持东北地区扩种春大豆，黄淮海地区扩种夏大豆和夏花生，最大限度减轻灾害影响，奠定夏粮丰收基础。陈友权说："北方冬麦区重点落实好镇压划锄、合理运筹肥水，南方地区重点落实好清沟理墒、因苗施肥，转化弱苗，构建合理群体结构，奠定夏粮丰收基础。"

农业农村部：春耕生产从南到北全面展开
农业高质量发展开局良好

（来源：央广网）

据中国之声《新闻和报纸摘要》报道，当前我国已由南向北全面进入春耕生产大忙季节，春耕生产进展顺利，农业高质量发展开局良好。

农业农村部种植业管理司副司长陈友权表示，今年春耕生产中，夏粮生产基础较好，冬小麦面积稳中略减，苗情长势总体正常、好于上年。

陈友权：冬小麦面积基本稳定，稳有减少，苗情长势比较好。冬小麦返青一二类苗比例达到86.6%，比越冬前提高1.8个百分点，比上年同期高6.2个百分点。

据农业农村部监测，今年春耕生产玉米、水稻、大豆种子供应量在70亿斤左右，能够满足生产用种需求；化肥总体供应充足。陈友权透露，种植结构呈现调优势头。水稻、小麦、玉米面积基本稳定，大豆、油料、蔬菜等作物面积增加。与此同时，优质专用小麦、优质稻谷、高蛋白大豆、"双低"油菜等面积增加。

陈友权表示，下一步农业农村部将加强春季田间管理，支持东北地区扩种春大豆，黄淮海地区扩种夏大豆和夏花生，最大限度减轻灾害影响，奠定夏粮丰收基础。

陈友权：北方冬麦区重点落实好镇压划锄、合理运筹肥水，南方地区重点落实好清沟理墒、因苗施肥，转化弱苗，构建合理群体结构，奠定夏粮丰收基础。

14. 2017年12月1日，给种植业管理司党员干部讲党课。

全面贯彻党的十九大精神　大力推进农业绿色发展
——种植业管理司陈友权副司长为支部党员讲党课

（来源：中华人民共和国农业农村部）

12月1日，种植业管理司副司长陈友权以农业绿色发展为主题，给全司党员干部上了一堂生动的党课。党课数据详实、深入浅出，对农业绿色发展面临的形势进行了深入分析，就推进农业绿色发展的目标、路径、措施进行了系统讲解，要求全司党员干部自觉贯彻绿色发展理念，扎实推进种植业绿色发展，助力乡村振兴战略实施。

陈友权从我国4000多年的农耕文明、百余年来化肥农药使用的历史，讲到美国、欧盟等发达国家转变农业发展方式的历程，指出农业绿色发展问题具有阶段性特征。他强调，要树立"绿水青山就是金山银山"理念，培养绿色创新思维，破除先污染后治理的旧思维；培养绿色底线思维，严守农业生态环境承载能力的底线；培养绿色系统思维，实现人与自然和谐发展。

陈友权讲到，农业绿色发展要聚焦"两提三增"目标，即提高资源利用率、土地产出率，促进农业增效、农民增收、农村增绿。过去几十年，化肥、农药为保障粮食安全发挥了重要作用，也带来耕地板结、土壤酸化、环境污染等一系列生态环境问题。大力推进农业绿色发展，要聚焦目标任务，努力实现耕地数量不减少、耕地质量不降低、地下水不超采，化肥、农药使用量零增长，秸秆、畜禽粪污、农膜全利用，实现农业可持续发展、农民生活更加富裕、乡村更加美丽宜居。

陈友权指出，山水林田湖是一个生命共同体，农林牧渔是一个生态共同体。影响农业绿色发展的因素是多方面的，既有农业内部因素，也有外部因素；既有生产因素，也有生活、生态因素。推进农业绿色发展，必须系统研究，统筹规划，综合施策，协调联动。要认真贯彻落实党的十九大精神和习近平新时代中国特色社会主义思想，积极贯彻实施《关于创新体制机制推进农业绿色发展的意见》，从优化农业主体功能与空间布局、强化资源保护与节约利用、加强产地环境保护与治理、强化农业资源环境管控、加强农业生态系统养护修复5个方面着力，加快推进农业绿色发展。

通过党课，大家认识到，实施乡村振兴战略，首要任务是加快发展资源节约型、环境友好型现代农业，实现产业兴旺。建设美丽中国、推进生态文明建设，重点任务和措施是推进绿色发展，加快建立绿色生产和消费的法律制度和政策导向，建立健全绿色低碳循环发展的经济体系，从源头上推动经济实现绿色转型，降低资源消耗，减轻环境污染，减少生态破坏。大家纷纷表示，要结合工作实际，深入领会和全面贯彻党的十九大精神，聚焦重点任务，创新工作思路，为推进农业绿色发展贡献自己的力量。

感恩与家训

感恩中国共产党及毛泽东、邓小平、江泽民、胡锦涛、习近平等党和国家领导人。让我生在红旗下、赶上好时代,国家由站起来、富起来到强起来,国兴家旺。尤其是国家恢复高考制度,使我有机会考上大学。

感恩我的长辈。我的父亲陈代勇、母亲段贻秀生我养我,在短缺经济、生活贫困的条件下养育我健康成长,给我美好童年和良好教育;尤其是我母亲,自幼饱经困苦,为了家庭建设和养育儿女,积劳成疾,营养不良,舍不得花钱治病,四十九岁英年早逝。我的岳母侯淑琴,超凡脱俗,破除老北京人的传统观念,把小女儿嫁给一个出身外地农村的穷学生。

感恩我的家人。风雨同舟、甘苦与共,一世姻缘一生情,千年修得时空汇。尤其是我妻子傅友兰,为我生养女儿,相互照顾,相伴终身;我的妹妹陈善丙、妹夫刘大财,帮我赡养父母,替我为父母养老送终,为我操持陈氏家务。

感恩我的师长。老师、领导使我正"三观"、明事理、辨是非、知善恶、长知识、强本领,由不谙世事的农家孩子成长为党员、中央国家机关领导干部。尤其是原永和狮子小学肖德安、永庆高兴小学刘代玉和蒋道银、永庆中心小学贺贤友和覃明星、永兴初级中学廖光洁、宜宾县第一中学唐发群、西南农业大学陈卫平等老师给了我关键性教育帮助。原农业部韩长赋、牛盾、崔世安、陈萌山、曾一春、潘显政、叶贞琴、曾衍德、潘文博、孙小平、隋鹏飞、王守聪、胡元坤、周普国、刘桥、张延秋、李恩普、肖灼钦、栗铁申、邓光联等领导的培养爱护,对我能力提升、事业进步起到了至关重要的作用。

感恩我的亲朋好友。亲戚、朋友、同学、同事从各方面给我启迪引领和支持帮助,使我在学习、工作和生活中度过一道道难关、迈上一级级台阶。尤其是我姑姑陈代英、舅舅金隆发、2个舅哥和3个姨姐(傅德元、傅德顺、傅春玲、傅淑玲、付晓玲)、郑家奎、陈道清、刘艳芳、唐玉超、陈善刚、张云芝、刘国琴等亲友,在人生最重要阶段帮我排忧解难、为我指点迷津、给我及时帮助。

感恩与我关联的所有人。我们之间千丝万缕的联系都是天意,相逢、相识、相知既是相互的缘份,也是彼此的福分。

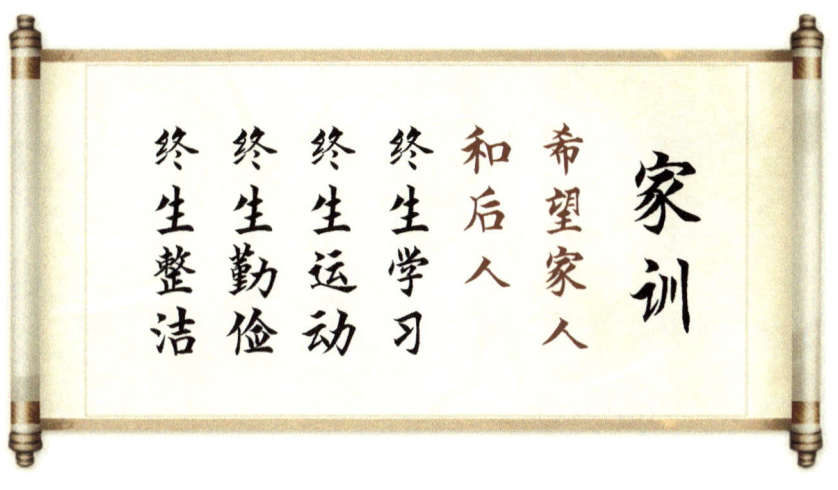